全国教育科学“十四五”规划课题
“‘家长学校’教育质量评价模型构建与质量验证”
（批准文号：BSA240232）科研成果

故事里的家庭教育学

——高中学生家庭教育指导手册

总主编　赵　刚　本册主编　赵　刚

长江出版传媒｜湖北教育出版社

家庭教育学：幸福人生的必修课

当今社会，我们常常在忙碌的生活节奏中，遗忘了一些极为基础却又关键的生活常识。在传统认知里，人生中有两件大事：成家、立业。它们如同人生坐标系的双轴，共同标定着个体价值的维度。然而，令人惋惜的是，当下众多人在追逐事业巅峰的过程中，不经意间偏离了“家庭”这一生活的原点。大多数人接受教育是为了提升生活品质，获得幸福。一个人的幸福指数，由家庭生活的美满程度及其获得的社会评价共同构筑。试想，若家庭内部夫妻关系紧张、亲子关系对立，那么身处其中的人，又怎能真切体会到幸福呢？在社会舞台上，我们的角色不断变换，充满不确定性，而家庭角色却相对稳定且贯穿一生。当好一位处长、厂长等社会角色需要历练，而成为一名优秀的家长，同样需要持续学习、用心感悟以及不断自我提升。

人类以家庭的形式构建生活，这是文明进步的标志。作为社会结构的基本单元，家庭承载着情感慰藉、安全互助、生命延续、两性和谐等诸多重要责任与功能。生育子女是实现生命繁衍的关键环节，鉴于此，长辈在家庭教育中肩负着培育下一代的核心责任。尽管工业革命催生了大规模的学校教育，但家庭特有的教育功能仍然是学校教育所无法替代的。家庭文化的熏陶、家庭生活的点滴、家人之间的关系以及家长的一言一行，都在潜移默化中影响着孩子未来的处世方式与生活态度，也决定了他们的人生质量。人类教育发展到现在，一个被证明了的经验或者说教训就是，缺失家庭教育的教育体系，往往难以造就幸福的、高素质的人才。

有人说，家庭是孩子的第一所学校，家长是孩子的第一任老师。在当下，这句话有着更为深刻的内涵。如今，家庭常常成为孩子继续完成学校作业的第二场所，家长大多也只是履行抚养孩子的基本职责，并未充分意识到以身作则、言传身教的教育责任。学校老师的专业化教育固然重要，但若作为第一任老师的家长，未能将孩子教导得通情达理、具备基本生活能力，那么即便学校老师使出浑身解数，也难以将孩子塑造成有用之才。由此可见，作为人生第一所学校的家庭、作为孩子第一任老师的家长，其作用无可替代。我国未成年人口数量庞大，其背后的父母与祖辈更是一个规模可观的群体。这一群体的素质以及其在教育中发挥的作用，对国家治理水平和教育现代化进程有着重大影响。因此，这套《故事里的家庭教育学》的价值不言而喻。

2025年，正值“中国近代幼儿教育之父”陈鹤琴先生1925年所著《儿童心理之研究》《家庭教育》两本书出版100周年。这两本书的出版是中国现代儿童教育、家庭教育“中国化、科学化、大众化”进程开始的重要标志。我们这套《故事里的家庭教育学》在百年之后与之呼应，旨在向陈鹤琴先生致敬，并再次强调：家庭是人生的幸福原点，家庭教育是每个人受教育的起点，家庭教育这门学问，是一个人学习与实践的必修课。愿这本以事喻理、力求通俗的“学”能为您所用，转化为助力子女成长之“行”。

赵　刚

目 录

第三章　家庭安全教育

第四章　高中生学习与就业指导

第五章　家庭媒介素养教育

第一章　家庭道德教育

家庭道德教育主要包括品德教育、思想教育以及世界观、人生观教育等诸多方面，其核心是做人的教育，是品德教育。一个孩子拥有良好的道德品质，才能拥有一个积极向上的精神面貌，才能为人生发展打下良好的基础。

20 世纪 80 年代以来，学会生存、学会学习、学会关心、学会合作、学会创新等理念迅速成为最强劲的教育术语。时至今日，这些理念仍对人们的教育观念和教育实践发挥着重要的理论导向作用。然而，对 21 世纪的教育而言，无论使学生“学会”什么，最为根本的、具有终极意义的应是引导孩子“学会做人”。抓好做人教育，不仅是时代对教育的呐喊与呼唤，更是教育理想的合理内核和教育的基本理念。

第一节　家长要教育孩子学会做人

学会做人是 21 世纪教育四大支柱的关键和核心，也是教育的目的和根本。做人的内涵是很广泛的，标准有高低，老幼有差别，要求也就各有不同。毛泽东同志曾提倡做“一个高尚的人，一个纯粹的人，一个有道德的人，一个脱离了低级趣味的人，一个有益于人民的人”，这是高标准、高要求、高境界。邓小平同志提出做“四有”新人：有理想、有道德、有文化、有纪律，这也是新时期对做人的一种广泛性要求，是学校教育、家庭教育和社会教育应共同努力达到的目标。对于做人，我们要倡导陶行知先生的“不做人上人，不做人下人，要做人中人”的思想。基本要求是：在学校做个好学生，在家里做个好孩子，在社会做个好少年，将来做个好公民。简单来说，就是要让孩子做一个有德、有才、有用的人。

学会做人是中华优秀传统文化的精髓，是事业成功的前提，是家庭教育的重中之重。联合国教科文组织把“学会求知、学会做事、学会共处、学会做人”作为21世纪教育的四大支柱，这四大支柱是互相联系、不可分割的，但是最基础、最根本的还是学会做人。

某公司招聘了21名大学生。让人始料未及的是，在随后不到4个月的时间里，该公司陆续开除了其中的20名本科生，仅仅留下了一名大专生。据该公司反映，这些大学生被开除的主要原因是他们的自身素质和道德修养不能胜任公司的人才需求。

第一批被公司除名的是两名来自某重点大学的计算机高才生。他们在第一次与客户谈完生意后，将价值3万多元的设备遗忘在出租车上。面对经理的批评，两人却振振有词：“对不起，我们是刚毕业的学生。学生犯错是常事，你就多包涵吧。”两人终因修养不够、“言多语失”而被开除。

第三个被公司“扫地出门”的是一名本科毕业的女学生，她喜欢睡懒觉，上班经常迟到，还在工作时间上网聊天，经多次警告仍置若罔闻，最终被公司“开回家”。另有3名大学生因“张狂”而被“卷了铺盖”。他们在与客户吃工作餐时，夸夸其谈，大声喧闹，弄得客户和公司领导连交谈的时机都没有。席间，更有一名男生张嘴吐痰，一口痰刚好落在了客户的脚边，惊得客户一下子从凳子上跳了起来。该男生却像什么事都没有发生一样继续吃饭。结果可想而知。最让人难以接受的是，有一次，公司老总带领公司员工到外地搞促销，在海边租了一套别墅，有20多间客房，但员工有100多人，很多老员工甚至老总都只能睡在过道上。而有些新来的大学生却迅速给自己选定好房间，然后锁上房门独自看电视。这些学生好几次走出房门看见长辈睡在地上，竟都视而不见，不吭一声。此事又让几名大学生丢了饭碗。

最后被开除的是一名男生，他没与客户谈妥业务就飞到南京，让公司白白花了几千元的飞机票。当领导问及此事，他却不依不饶："我没错，是他们变卦，你是领导我也不怕!"他被开除后，邀约两名同事一起走；接下来，3人又从公司里拉走了几个人。

就这样，3个多月下来，20名本科生全都离开了公司，而唯一没有被"炒掉"的"幸运儿"是一位女大专生。在她看来，作为公司的一员，应该懂得自己的言行必须符合公司的正当利益。对自己的前途负责，首先是对自己所在单位负责、对工作负责。在她的工作记录本封面上写着两个字：用心。她介绍说，因为刚接触工作，很多东西都需要学习，自己就借公司其他员工的资料看，经常看到深夜。"而且我特别喜欢问，几乎公司上上下下的同事都被我问遍了，大家都笑话我是'十万个为什么'。"正是这份勤奋和谦逊，让这位女大专生笑到了最后。

做任何事情的前提都是学会做人。道德教育是育人之本，做人必须以德为重，以德为贵。许多家长都能够坚持以德育人，教育孩子以德立身，但不是所有的家长都重视道德教育，有不少家长既不重视自身修养，也不重视对孩子的道德教育，导致孩子的道德水准下降，有的找不到工作，有的找到工作也干不好、干不长。所以，家长一定不要忽视品德培养，不要忽视做人的教育，否则，就会害了孩子。学会做人，这是家庭教育的根本，是我们每个人都要面对的问题。做人成功，成功是永远的；做人失败，成功只是暂时的。一切成功都是做人的成功，一切失败也都是做人的失败！做人的成功是最根本的成功，也是真正的成功；做人的失败是最大的失败，也是必然的失败！

人的一生，岁月悠悠，千头万绪中最重要的，一是做人，二是做事。人生一辈子，要实实在在地做成几件事情并不容易，而要堂堂正正地做好一个人就更难。一个人如果做事先做人，做人先立德，掌握了做人的原则和做事的艺术，善于把“会做人”和“能做事”有机地统一起来，就能够成就人生，发展事业。做人，有做人的原则；做事，有做事的艺术。一个人在品格上的高与低，决定了其做事空间的大与小。“德不优者，不能怀远；才不大者，不能博见。”因此，要想做好事情，还须先做好人。

教子有方小课堂

学会做人就是一个人要具有健全的人格和良好的道德修养，并能按道德标准去处理好各种社会关系。学会做人是立身成人之本。品德不修养，不会做人，就失去了立身之根本。家庭在教育孩子做人方面具有得天独厚的优势。

1. 父母要为孩子做表率

父母是孩子的第一任老师，其一言一行都能深刻影响到孩子。我们不能只是要求孩子学习如何做人，自身更要做一个好的榜样。在日常生活中，父母必须严格要求自己，重视自己的言行举止。

2. 对孩子进行成人教育

这里讲的成人，其含义不是成年，也不是成熟，而是成长为人，成为一个真正的人、一个大写的人。成人就是要学会做人，懂得做人的道理，有正确的世界观、人生观、价值观。对未成年的孩子来说，就是要逐渐学会运用正确的立场、观点、方法观察问题、分析问题和解决问题，成为具有远大理想、坚定信念、良好品德、过硬本领、健康身心的人才。成人，是家庭教育的第一位目标。成人，不仅要有健康的体魄，更重要的是还要有健康的心理、健全的人格、良好的品德和法律素养等。

3. 对孩子进行人格教育

人格是一个词义丰富、使用广泛的词语。我们日常生活中所说的人格，通常指人的尊严、人的骨气、人的道德品质，是人们在社会生活中通过自身的言、行、情、态所表现出的为人的品位或格调。人格是最高学位，是世界上最强大的动力之一，高尚的人格是人性最高形式的体现。家庭教育最重要的任务是建筑人格长城。在当今时代，实施人格教育已成为一件刻不容缓的事。

4. 对孩子进行孝道教育

在现实生活中，有相当数量的孩子不懂得孝敬父母、孝敬长辈。在有些独生子女家庭里，谁孝敬谁甚至出现了颠倒的现象，难怪有人半认真、半开玩笑地说："孝子，孝子，就是孝敬儿子。"一些孩子的行为习惯着实使人心寒。"不孝"已成为相当一部分国人的人格缺欠。古人说："百善孝为先。"一个不孝敬父母的人，是不可能与兄弟、亲友、师长、同学、同事处理好关系的。孝，是中华民族的传统美德，是一个公民最基本的道德规范，是社会主义道德的基础。在家庭教育中，家长必须对孩子进行孝道教育，让子女懂得感恩，能够爱老、敬老、孝顺老人。这是家庭美德，也是做人最起码的标准和要求。请让孩子记住：做人，从孝开始。

第二节　家长要教育孩子爱国

热爱祖国，就是千百年来巩固起来的对自己祖国的深厚感情，是指忠诚、热爱、报效祖国，是对国家和社会的高度责任感。爱国包括热爱祖国的大好河山、悠久历史、灿烂文化以及各民族的优良传统，热爱创造悠久历史、灿烂文化并保卫祖国大好河山的人民。爱国还包括爱家乡，家乡是祖国的一部分，是生养我们的地方。从古至今，是否爱国，成为中国人的道德体系中衡量、评价一个人一生的主要乃至最根本的标准。热爱祖国，历来是中华民族的优良传统和高尚情操。强调爱国，更重要的是将这种感情内化为一种爱国主义的精神、一种爱国主义的追求。

爱国是中华民族的光荣传统，是推动中国社会前进的巨大力量，是各族人民共同的精神支柱，是社会主义精神文明建设主旋律的重要组成部分，同时也是中国培养“四有”新人的基本要求。爱国主义教育是提高全民族整体素质的基础性工程，是引导人们特别是广大青少年树立正确理想、信念、人生观、价值观，促进中华民族振兴的一项重要工作。

古往今来，中华民族涌现出的爱国者不计其数，像陆游的“位卑未敢忘忧国”和顾炎武的“天下兴亡，匹夫有责”等豪言壮语，不知激发了多少人的爱国主义情怀。爱国主义精神正是在这种传承中才得以发扬的。

“苏武留胡节不辱。雪地又冰天，苦忍十九年。渴饮雪，饥吞毡，牧羊北海边。心存汉社稷，旄落犹未还。历尽难中难，心如铁石坚……”一首《苏武牧羊》，那千百年来传唱的英雄赞歌，把苏武在胡十九年受的苦难和爱国精神体现得淋漓尽致。

苏武（前140—前60），字子卿，汉族，杜陵（今陕西西安东南）人，西汉大臣，汉武帝时为郎官。《汉书·苏武传》记载，公元前100年，汉武帝正想出兵去攻打匈奴，匈奴便派使者来求和了，还把汉朝的使者都放回来。汉武帝为了表示友好，派中郎将苏武拿着使节出使匈奴。不料苏武竟被匈奴扣留。匈奴单于以高官厚禄、软硬兼施等各种手段劝其投降，背叛汉朝，然而苏武始终没有屈服。于是，匈奴就把苏武囚禁起来，不给他吃喝，天下大雪，苏武把雪同毡毛一起吞下充饥，几日不死，匈奴就把苏武移送到北海边没有人烟的地方，让他放牧公羊，说等到公羊生了小羊才能放他回归汉朝。苏武毫不动摇，他历尽艰辛，持节不屈，彰显民族气节，在苦寒之地坚守十九年后最终得以回归祖国。苏武出使时才40岁，在匈奴受了十九年折磨，胡须、头发全白了。作为一个民族英雄，因为刚烈爱国，苏武的故事流传了一辈又一辈，激励着一代又一代华夏儿女。人们把他视为忠贞的化身，也把他视为气节的代名词。苏武是一个有民族气节的大丈夫，是一个宁折不弯、宁死不屈的爱国代表人物。他不仅仅是个忠义之人，更是中华民族的骄傲，是永垂不朽的榜样！

苏武用忠心、勇气和人格拒绝了单于荣华富贵的引诱。在他眼里，富贵，只不过是过眼云烟；忠心，方才是历史永恒。他在大漠黄沙中把那群枯瘦的羊群定格为一段不朽的历史，写就了一首可歌可泣的壮丽诗篇。苏武以英雄气节、坚定意志、不屈精神谱写了一曲正气歌，他的故事让人感动，更让人读懂了忠诚！他把尊严、信仰、责任看得比生命还重，能够经受常人难以承受的折磨，可以说是超人。苏武就是超人，是一个令人敬佩的人。苏武牧羊的故事，流传数千年而经久不衰，是值得我们学习的。苏武，是民族的脊梁。任何一个民族对本民族这样的人物，都会崇敬有加。我们家长和孩子要学苏武，就是要像他那样爱国，做一个大写的人；做不了苏武，起码也要做一个崇敬苏武的人。

爱国，不是一句口号！爱国，是一种坚定的民族精神，是一种振兴中华的责任感。中华五千年，英雄千千万。千百年来，中华民族涌现出许许多多的爱国者，包括少年英雄。近代以来，我们的国家落后了，总是受欺负，但是，英雄前辈们不但不嫌弃，还努力奋斗去改变祖国的落后面貌。正是因为有无数的先烈浴血奋战、前赴后继，才使得我们的祖国由旧变新，由穷变富，由弱变强。如今，我们的国家强大了，我们有什么理由不爱国呢?

教子有方小课堂

思想决定行动，有爱国之心才能有报国之志和报国之行。爱国其实并不一定非得要像那些伟人和名人那样去做惊天动地的大事（能做大事当然更好），只要心中有祖国，做小事也能表达对祖国的热爱。

1. 爱祖国，从力所能及的小事做起

比如，在日常生活中教育孩子爱护环境、节约水电、树立远大理想、努力学习、尽量购买物美价廉的中国制造产品、为灾区捐款；当班级需要时，主动承担责任；当离开教室看见电灯没关时，将它关好；在公共场合时，自觉捡起脚下的纸屑等，都是爱国的表现。

2. 爱祖国，从爱身边的人开始

一是教育孩子孝敬父母。孝是忠的基础，一个不孝敬父母的人很难成为一个爱国者，不当叛徒就不错了。二是关爱其他家庭成员。教育孩子在孝敬父母的同时能够关心其他家庭成员。三是关心老师和同学。教育孩子扩大爱心，由爱家人扩展到爱老师和同学。四是观察了解各行各业的劳动者，他们是为社会创造财富的人，理应得到关爱。

3. 爱祖国，从了解国家知识起步

一是知道我国的全称和新中国成立的时间，知道香港和澳门回归的时间；二是会唱国歌，知道国歌的名称；三是知道党旗、国旗的含义；四是知道党徽、国徽图案的含义；五是知道我国的国土面积，知道我国有多少个省级行政区，知道自己家乡的详细地址；六是知道我国有多少个民族等。

4. 爱祖国，在活动中接受教育

一是学习诗歌。许多古诗词充满了爱国主义情怀。二是讲故事。讲故事是培养爱国主义精神的好方法。三是唱红歌。红歌承载历史，催人奋进，传承红色文化，丰富精神生活。四是参观。包括参观农村、工厂、各种博物馆、纪念馆和世博园等。五是节假日活动。包括庆祝活动，如建党节、国庆节等；还包括纪念活动，如清明节、端午节等。六是各种竞赛活动。如绘画、唱歌、背诵古诗词、作文、猜谜、登山、讲故事等。七是观

看爱国主义题材的电影，激发爱国主义的情怀。八是旅游活动。红色之旅是家长、学生喜欢的主题游，能够在游山玩水过程中培养爱国情感。

第三节 品德的五要素要协调发展

品德是道德品质的简称，也称德性，指的是衡量行为是否正当的观念标准，是个人在道德行为中所表现出来的比较稳定的、一贯的特点和倾向，是一定的社会道德原则和规范在个人思想和行为中的体现。品德由道德认识、道德情感、道德信念、道德意志和道德行为等要素构成，知、情、信、意、行五个要素相互联系、相互影响、相互制约、相互渗透和相互促进，呈阶梯式递进，并构成了一个内在的循环系统。品德的五要素必须协调发展，不能偏废。在社会主义新时期，最高尚的、最能体现无产阶级和广大劳动人民利益的是共产主义道德品质。

道德品质教育，指教育者有目的、有计划、有组织地对受教育者施加一定的影响，促进他们的道德认识、情感、意志和行为习惯的形成与发展的活动，是德育内容之一。在学校日常工作中主要指学生守则教育，学校常规纪律训练，遵守社会公德和文明行为习惯的培养，以及养成谦虚、谨慎、诚实、正直、勇敢、勤劳、俭朴等优良品质。

一位哲学家带着他的弟子坐在郊外的一片旷野里上课。哲学家问身边的弟子该如何除去周围长满的杂草。弟子们十分惊愕，没有想到一直探讨人生奥妙的哲学家，竟会问这么简单的问题。于是，他们给出了各种答案，有的说用铲子就够了，有的说用火烧，有的建议在草上撒上石灰，还有的说要斩草除根，只要把根挖出来就行了。哲学家听完，站起身说："课就上到这里，你们回去后，用各自的方法除去一片杂草，没除掉的，一年后，再来除草。"

一年后，他们都来了，不过原来相聚的地方已不再是杂草丛生，而是变成了一片长满谷子的庄稼地。弟子们围着谷子地坐下，等着哲学家的到来，可是哲学家始终没有来。几十年后，哲学家去世，弟子们在整理他的言论时，私自在书的最后补了一章：要想除掉旷野里的杂草，方法只有一种，那就是在上面种庄稼。同样，要想让灵魂无纷扰，唯一的方法就是用美德去占据它。

读了这个故事，大家都佩服哲学家的伟大。其实，我们每个人如果让灵魂长满"杂草"，就不可能有健康的人生、正直的追求，只有用美德去占据灵魂，我们才能永远拒绝"杂草"，永远保持健康的心态。

故事告诉我们，家长必须对孩子进行良好的道德品质教育，让美好的道德早些占领孩子的心灵。良好的道德品质包括正直无私、忠诚守信、仁爱互助、勇敢进取、敬业好学、勤劳节俭、谦虚谨慎、遵纪守法、文明礼貌等。

一个人的思想阵地，如果正确的思想不去占领，错误的思想就会侵入。孩子的心灵好比一块空白的土地，如果你不去播种庄稼，那它自然就会长荒草，只长荒草，那是荒地一块，没有价值（孩子变坏）；种了庄稼，不去除草，苗长不好，也没有好的收成（品德不良）！需要注意的问题是：不要等到草长高了再去除，那会耽误苗长，会影响产量，最好是播种之后立即喷施封闭式除草剂。教育孩子也一样，不要等到孩子出现问题之后才进行教育。首先要让孩子明白事理（播种真理的种子和正确的道德认知），然后再规范孩子的行为（除草），接着还要观察，因为一次耕耘不可能除掉所有的“杂草”，要把没除干净的“草”或新长出来的“草”及时除掉。这样，才能保证“禾苗”健康成长。

教子有方小课堂

良好的道德品质为孩子的人格魅力加分。孩子品德的好坏直接影响其日后的生活、学习和交往等。所以，家长要从小对孩子进行品德教育。家长一定要根据品德教育的生活性和多样性特点，寓教育于生活中，可以从各个不同的方面去进行。

1. 提高孩子的道德认识

道德认识指对客观存在着的道德关系及如何处理这种关系的规范、准则的认识。道德认识是个体道德品质形成的重要基础，正确的道德认识有助于产生相应的道德情感，强化道德意志，指导道德行为。

2. 坚定孩子的道德信念

道德信念就是人们通过对社会道德规范的认识和了解，在自身强烈的道德情感驱动下，对履行某种社会道德义务产生的强烈的责任感。道德信念是道德行为的内部强大动力，也是人们自我监督、自我反省和自我强化的重要因素。在社会道德日益滑坡的今天，坚定孩子对于道德的信念至关重要。

3. 培养孩子的道德情感

道德情感是一种高级情感，它是按照一定的道德认识去评价自己或他人的行为时所产生的一种情感体验。父母要善于利用具体的道德形象引起孩子情感上的共鸣。在日常生活中还要针对孩子的道德行为，提高孩子的道德认识，逐步深化其道德情感。

4. 磨炼孩子的道德意志

道德意志是为了达到一定的目的而支配自己行为的一种精神力量。这种强大的精神力量能使道德行为持之以恒，贯彻到底。孩子道德意志坚强，就能够督促自己克服困难，坚持不懈地为实现自己的信念拼搏。意志薄弱的孩子，虽然在某些条件下，也能有一些好的道德行为，但是一旦遇到困难，就会摇摆不定，半途而废。所以，培养孩子的道德意志，是家庭道德品质教育的重要内容。

5. 指导孩子的道德行为

孩子的道德面貌是通过他的言行举止等道德行为反映出来的。衡量一个人道德品质如何，不仅要“听其言”，更重要的是“观其行”。指导孩子的道德行为，首先，需要父母适当引导。当孩子还不懂得怎样做时，父母可以先帮助他完成某种道德行为，然后再让他独立行动。对于做错事的孩子，不应一味责备，而是要给孩子讲清楚，为什么不能这样做，应该怎样做，指导并规范其道德行为。其次，父母要让孩子做到学用一致。如果只是心里知道应该怎样做，而不知在实践中去运用，道德认识再好也是无用的。这就要求父母必须经常去督促检查、严格管教，以确保良好行动的落实。

6. 强化对孩子的品德评价

通过对孩子的品德进行肯定或否定的评价而予以激励或抑制，促使其品德健康形成和发展，具体方法包括奖励、惩罚和评比等。

第四节　要进行理想信念教育

综观古今中外，凡是有成就的人，哪个不是抱有远大理想的？马克思有理想，才会为人类的幸福而献身；贝多芬有理想，才会扼住命运的咽喉，创造出伟大的音乐；牛顿有理想，才会站到巨人的肩膀上；鲁迅有理想，才使锐利的思想穿透历史的天空，化作永恒；周恩来有理想，才会为中华之崛起而读书。

理想，是对未来事物的美好想象和希望，也比喻对某事物臻于最完善境界的观念。是人们在实践过程中形成的、有实现可能性的、对未来社会和自身发展的向往和追求，是人们的世界观、人生观和价值观在奋斗目标上的集中体现。理想是人类特有的、高级的心理和社会现象。理想是信念，是希望，是向往，是追求；理想是催人奋进的精神动力。理想是同奋斗目标相联系的、有实现可能的想象。信念，是对事实或者必将成为事实的事物的判断、观点或看法。信念是人的认识、情感、意志的统一体或“合金”。在信念的鼓舞下，人们的意志是坚强的，行动是坚决的，而且始终不渝。信念是一种需要，它是激励人按照自己认为正确的观点、原则去行动、去实现目标的一种强大的内在力量。

如果说信念是学习的动力，那么理想就是成功的核心。理想信念是一个人的世界观、人生观和价值观的集中体现，崇高的理想信念是人生的支柱和前进的灯塔。理想信念教育作为教育的一种境界，是领航青少年人生方向的指南。一个人有了崇高的理想和坚定的信念，就会有高尚的情趣和美好的追求，就不会为蝇头小利所动心，因声色犬马而沉沦。

理想信念教育是指帮助人们确立和实现某种理想的教育。按内容，可分为社会理想教育、政治理想教育、道德理想教育、职业理想教育和生活理想教育。

小文自幼双目失明。9 岁那年，她向父母提出要学习钢琴演奏，说她的梦想是成为一名音乐家。在常人看来，小文的这个梦想的确“太不靠谱”，因为她看不到钢琴、看不到键盘、看不到乐谱，但是妈妈尊重了女儿的选择，牵着她的手四处求学，经过无数次碰壁，终于投在一位钢琴教师门下。功夫不负苦心人。14 年后，取得钢琴专业十级资质的小文在音乐厅举办了专场演奏会。当李斯特、贝多芬等音乐巨匠们的经典作品从她灵巧的指尖一曲曲被“还原”的时候，近千名听众一次次报以热烈的掌声。

小文的人生故事带给我们许多感动和鼓舞，也引发家长们深沉的思索：梦想是每个孩子的权利，也是他们在心中给未来世界画的一幅画。家长对孩子梦想的态度决定了孩子的发展方向。家长呵护并支持孩子的梦想，那个属于孩子自己梦想的种子就会生根发芽，孩子自然会为了自己的梦想去努力，去奋斗，从而赢得辉煌的人生。

许多家长有意无意地扼杀孩子的梦想，这是很不可取的，这有可能毁了孩子的前程，甚至是一生。家长们应该记住：孩子的梦想对孩子来说，有着无穷的魅力，对孩子的成长具有巨大的牵引和激励作用。可以这样说，没有梦想的孩子是没有美好未来的，是不可能有所作为的。孩子有了梦想（哪怕有些不可思议），父母都应为他有了“理想的我”而感到欣慰和自豪，并给予肯定与呵护。怀揣美好梦想的孩子是幸福的，它将带领孩子充满憧憬地面对生活中的任何困难。

教子有方小课堂

对孩子进行理想信念教育，在时机上要从小开始，在方式上要从具体问题开始，在内容上要把远大理想与现实条件结合起来，重点进行社会主义共同理想的教育，培养孩子正确的理想和坚定的信念，鼓励孩子立志成人成才。

1. 要注意两种倾向

一是理想信念不能动摇和滑坡。理想的动摇，是最危险的动摇；信念的滑坡，是最致命的滑坡。二是不要好高骛远。不能奢望一口吃个胖子。

2. 孩子的理想要靠谱

德国一个教育学家在考察了中国的儿童教育后，遇见一件特别想不通的事情：为什么中国孩子的理想大多是我要成为一名科学家、一名宇航员、一个老板、一个明星什么的。他特别疑惑地问中国同行：“为什么很少有人会选择司机、厨师、清洁工、警察这些他们生活中经常接触到的职业?”在这名教育专家的眼中，科学家、宇航员、老板和明星这样的职业距离孩子其实非常遥远。按道理，孩子们应该更能接受和喜欢上生活中随处可见的直观的职业才对。那名德国专家的结论是：“崇高”的职业如此大面积地成为中国孩子的理想首选，很大程度上是社会诱导使然，而不是出自孩子的本真想法。对于孩子而言，这样的理想，其实并不一定健康。

3. 培养孩子的自信心

理想不是在短时间内就可以实现的，家长应该告诉孩子：一个事业有成的人，是不怕挫折、不怕失败、不怕打击的，他会以百折不挠的勇气、不甘低头的品格、逆流而上的精神去顽强拼搏，任何时候他都不会怀疑自己的目标。事实上，只有自信的人才有力量，只有坚定信念，才能实现远大理想。

4. 不要让孩子志大才疏

家长别忘了，无论孩子的梦想有多大，没有真才实学，没有实际行动，不付出努力，光空喊口号，那只能是幻想。

5. 做好人生规划

家长应该帮助孩子设计好长期目标、中期目标和近期目标，不断完善人生规划。

第五节　要培养孩子的感恩之心

感恩是对别人所给的帮助表示感激，是对他人帮助的回报。感恩是一种处世哲学，也是生活中的大智慧。学会感恩，为自己已有的而感恩，感谢生活给予你的一切，这样，孩子才会有一个积极的人生观，才会有一种健康的心态。感恩，不仅是一种美好的情感，更重要的是对责任的承担，对道义的坚守。懂得感恩的人，其行为表现主要是：生活中很少抱怨，常常感恩他人或周围的环境；生活中可以找到许多值得感恩的事，经常觉得要感谢别人；有好事发生时，会想起帮助过自己的人，经常在心里感激父母和家人，经常为生命中所拥有的而感到幸运。

感恩是一种情感教育、一种道德教育，感恩教育要从小抓起，从小事做起。只有学会感恩，才懂得珍惜，才懂得回报。只要父母善于对孩子进行引导，让他们关注、感受生活，孩子就会被感染。教育孩子学会感恩，不仅仅是一种美德的要求，更是生命的一个基本要素。

故事一　一个十几岁的少年，在家里因为一点小事和妈妈顶撞起来，离家出走了。他在大街上晃荡了一整天，肚子饿得不行了，而口袋里却没有钱，实在走不动了就在一户人家门前坐下来休息。这家的老奶奶看见他疲惫不堪的样子，就邀请他进屋，还给他下了一大碗面吃。这孩子实在饿坏了，毫不客气地一口气就把那碗面吃光了，他深深地感谢老人救了他。老人简单地了解了这个孩子的遭遇后，说："你是一个善良，也懂得感恩的孩子。我今天只是给你下了一碗面，你就能对我这么感激，可是你真正应该感激的人还是你的父母，从小到大，他们不知为你下过多少碗面，为你做了多少比我更能表达关心爱护你的事……"老人的话还没说完，这孩子就双膝一跪，感谢老人的教导，然后飞快地跑回家了。

故事二　傍晚，一个农村家庭里，正准备吃晚饭的家人遇到了小麻烦：母亲端上来的不是香喷喷的饭菜，而是一盆切碎了的干稻草。全家人顿时惊呆了，这是干什么呢？我们又不是牲畜，为什么给我们端来稻草？母亲面无表情地说："我做了大半辈子的饭，既没有听到一句感谢的话，也没有人称赞过一次饭菜好吃，这和动物吃稻草又有什么两样呢？"全家人都羞愧地低下了头。

故事一反映了家长对孩子只是付出，缺乏感恩教育，致使孩子离家出走，幸亏老奶奶的教育，才使孩子回心转意。一些家长认为，我为孩子做了牺牲，孩子一定会感恩，一定会学好。家长的付出与孩子的回报，两者之间虽然有一定的联系，但没有必然的因果关系。只有对孩子进行感恩教育，孩子才能学会感恩。如果家长只是一味地付出爱，而不教育孩子学会爱，那么，父母付出的爱越多，孩子回报的往往会越少，甚至没有。

故事二反映了一位母亲通过言行对全家人进行感恩教育的情景。家人羞愧地低头，是在为自己以前觉得理所当然、不知感恩的行为忏悔。这种教育方式简直是醍醐灌顶、振聋发聩！很多父母大惑不解地问：今天的孩子为什么缺少感恩之心呢？究其原因主要表现在两个方面：一是溺爱所致。不孝顺的孩子都是父母娇惯的结果。几乎所有家长都愿意为孩子付出一切，而孩子则认为这是应该的，不需要领情。许多父母该做的都想做到，可是一旦有一事没有满足，孩子就会心生怨恨。家里有好吃的，父母总是先让孩子尝，孩子却很少请父母先吃；孩子生病，父母更是忙前忙后，百般照顾，而父母身体不适，孩子却很少问候。许多家长只知道一味地为孩子付出爱，却没有要求孩子回报爱，或者不接受孩子的关爱，结果把孩子应有的孝心给弄丢了，使孩子变得自私、冷漠，只知道索取，不懂得付出。孩子过生日，父母大力操办，而父母很少给自己过生日，以至于许多孩子都不知道父母的生日，更不懂得生日的内涵。出现这样的结果其实怨不得孩子。二是缺乏感恩教育所致。造成孩子感恩之心缺失的原因很多，其中，一些家庭缺乏感恩教育是主要原因，许多家长往往只注重孩子的学习成绩以及才艺的培养，而不重视对孩子进行感恩教育。孩子的感恩之心不是生来就有的，父母没有对孩子进行感恩教育，孩子就不会有感恩行为。家长对孩子知恩图报的教育和以身作则的影响是孩子具有感恩之心的关键。从某种意义上说，缺乏感恩意识的孩子，无论他的能力多么出色，都难以成为真正意义上的强者，因为社会难以接受和认可不懂感恩的人。我们当今的社会感恩意识缺失，虽然局限于少数人和个别现象，然而其影响却不容低估，其必然导致个体品质的自私自利，导致人情的冷漠，导致社会道德的滑坡。而造成感恩意识缺失的主要原因是感恩教育的缺失，没有感恩教育就很难产生感恩之心和感恩之行。因此，父母要想把孩子培养成一个强者，必须培养他们的感恩意识。教育孩子“知恩、感恩、报恩”势在必行！

教子有方小课堂

学会感恩，懂得感恩应该是家庭教育的重要内容，是家长的重要责任。家长要让孩子多做一些为父母尽孝心、为社会献爱心的事情，把感恩教育落实在行动中，植入他们的心灵里。

1. 家长要善于引导

比如同长辈一起进餐时，做了美味佳肴，父母拿起筷子把第一口好菜夹给长辈，那就是在为孩子树立一个孝敬老人的好榜样；如果把第一口菜夹给了孩子，那就会种下不孝的种子。

2. 父母也给自己过个生日

有一篇课文叫《可贵的沉默》，描写了两组镜头：镜头一，老师问学生爸爸妈妈是怎样给他们过生日的，学生喜气洋洋，争先恐后地发言，似乎回味着那美好的时光；镜头二，老师问学生有谁知道爸爸妈妈的生日，教室内一下子鸦雀无声，沉默许久。

在中国的传统中，长辈生日是个重要的节日，很多时候大摆寿宴招呼四方来客，不仅把家庭气氛烘托得其乐融融，也让长辈感受到浓厚的亲情。现今，父母过生日越来越简单，简单得连子女对这个家庭节日都不记得。假如平时来不及表达对父母的感激之情，那还有什么比生日更合适，更能让父母感动的时刻呢？

许多孩子对父母的感恩之心在淡化。到了孩子生日，同学间互赠礼物，父母也要有所表示；但到了父母生日，冷冷清清，孩子经常根本不知道这一天是属于父母，属于家庭的。

常言说："儿的生日，娘的难日。"父母要让孩子明白：生日是母难日，这一天不要忘了感激母亲。同时，请父母也给自己过个生日，让孩子知道爸妈也有生日，让孩子也在父母生日那天，给爸妈唱首生日歌，送爸妈一份自制的贺卡，给爸妈一份甜美的微笑……

3. 提高感恩的层次

一提到感恩，人们总是想到感恩父母、感恩师长、感恩亲友等，这无疑是对的，是应该的，是必要的。然而，这些还不够，感恩应该上升到更高层次，不仅要感恩父母，更要感恩国家，感恩社会，感恩大自然。

第六节　要培养孩子的法治观念

家庭法治教育对提高家长及未成年人的法治意识、有效预防和减少未成年人违法犯罪、促进未成年人的健康发展有积极作用。青少年犯罪是当前社会上存在的一个突出问题，预防青少年违法犯罪，必须重视家庭的作用。父母对孩子进行法治教育和法律意识的培养，是预防和减少青少年犯罪的有效环节。家庭对孩子进行法治教育，往往能达到事半功倍的效果。

对孩子来说，法治教育是一个由认知、认同到行动，由不自觉到自觉的过程。法律对孩子而言是一种客观存在，守法并不是与生俱来的本能，而是后天习得的本领。对孩子进行法治教育不仅是传授法律知识，更重要的是传达法治精神，了解法律底线，从小建立规则意识。

家庭法治教育一方面要提高父母自身的法律意识，防止父母本身犯罪（父母犯罪会给孩子造成众多负面影响，这样的教训是很多的）；另一方面，也是最重要的方面，就是提高孩子的法律素养，防止青少年犯罪。

故事一　未成年人温某某是一个盗窃惯犯。据他交代，每次盗窃销赃后，他都给父亲10元钱，作为盗窃工具的借用费，其父亲不但没有训诫他，而且每次都照收不误。有了这样的父亲，儿子怎会从良？

故事二　有一位母亲对未成年的儿子一味地纵容、溺爱，儿子强奸幼女后，还将其送往亲戚家躲藏。儿子不思悔改，不足一个月再次伸出邪恶的双手。这一次，母亲再也无力帮儿子逃脱刑罚，只能带儿子投案自首。她很后悔，如果第一起案件发生时就及时报案，儿子也不至于再次酿成恶果。

故事反映了家长法治意识的淡薄，不是对法律知识懂得太少，就是明知故犯，过不了亲情关。家长自己不懂法，或者懂法不守法，而且包庇孩子的违法行为，这样的做法肯定引发悲剧。

教育子女懂法，最重要的是家长首先要学法、懂法，不做法盲，然后言传身教，给孩子以人格力量。父母的言行直接影响孩子，正所谓打铁还需自身硬，生活中发生的许多案子都是父母本身不懂法或者知法犯法造成的。

来自中国青少年犯罪研究会的统计资料表明，近年来，青少年犯罪总数已经占到了全国刑事犯罪总数的70%以上，其中十五六岁少年犯罪案件又占到了青少年犯罪案件总数的70%以上。“十五六岁现象”发人深省。十五六岁正处于人格重建和心理极易扭曲的危险期，教育不当就会影响健康心理和良好人格的形成，甚至引发犯罪。

教子有方小课堂

父母在了解和掌握了一些法律常识的基础上，要运用平时看到的、听到的和身边发生的正面、反面教材来教育、启发、引导孩子，让他们知道法律是严肃的，任何人都不能轻视法律。对子女的法治教育要及时，一旦发现孩子有小偷小摸等不良行为，应当及时进行教育，给予纠正，要不失时机地将可能导致犯罪的因素消灭在萌芽状态中。

1. 家长应加强学习

家长要学习法律常识和教育常识，提高自身素质。要了解、理解孩子的心理特点，掌握正确的教育方法。

2. 制定家规很有必要

常言道：“国有国法，家有家规。”家规，是一种制度，是家庭文化的产物，相当于一个国家的法律。一个家庭没了家规，就像一个国家没了法律。任何组织都需要制度，制度是价值观的体现，也是家庭文化的一部分。

3. 针对孩子的特点进行正确引导

家长应该准确地把握孩子敏感、好奇、喜欢模仿、爱冒险的特点，正确地利用这些特点加以引导。如果引导得当，这些特点就是优点；如果缺乏指导或者引导不当，这些特点就会成为缺点。

4. 善于观察，及时发现问题

孩子有不良言行出现，如大吃大喝、出入娱乐场所，或大把花钱购物，或谈情说爱，或看淫秽录像，或接触毒品等违禁物品，家长就应高度重视。因为孩子出现以上行为，往往是出于好奇、逆反等心理，毕竟他们还处在一个行为变化的初期阶段。这时候如果教育、引导得当，让孩子逐渐从不懂事变得懂事，就能从根本上阻止孩子犯罪。

5. 从小对孩子进行纪律教育

只有受过纪律教育的人，才能有自我约束的良好习惯，才能自觉地、顺利地完成党和人民赋予的各项任务。很难想象，一个从小不守纪律的孩子长大后会成为一个遵纪守法的人。

6. 从小对孩子进行情感教育

父母不但要爱孩子，还要教会孩子如何去爱别人，关心别人，不要让孩子成为“冷血动物”。家庭是预防未成年人违法犯罪的第一道防线，孩子一旦突破了情感这道防线，连亲情都没有了，那么，法纪也就在他心中荡然无存了。

7. 守住家庭教育的底线

家庭教育的底线，说到底就是最基本的人性教育，就是让孩子向“人”的方向发展，成为真正意义上的人。虽然很难确定家庭教育的底线是什么，但我们可以确定几个点，如教育孩子从小不贪婪、不损公、不逾矩、不作恶、不损人、不绝情、不冲动等，那么，孩子至少在未成年阶段不会走上犯罪道路。家长要想守住家庭教育的底线并不容易，因为许多家长只想孩子如何成才，如何成功，很少考虑孩子如何做人，很少考虑预防孩子变坏。因此，谈家庭教育底线就显得比谈成功教育更为重要。道理很简单：底线守不住，发展就退步！

8. 配合学校教育，借助可以借助的力量

必要时可以召开家庭议会，请社区工作者、警察、律师、亲属和老师等参加，共同讨论研究，解决孩子的问题。

9. 教育孩子讲义气但要守法

许多青少年学生特别崇尚“江湖义气”，可是，什么才叫义气？帮助朋友解决困难，还是跟着朋友为非作歹？前者可取，后者愚昧。

10. 教育孩子要善于用法律维护自己的权利

现代社会已经成为一个用法律形式表现生活准则的社会，法律是人类文明的象征，每个人的生活都离不开法律的规范，法律是一件保护自己的最有力的武器。不懂得运用法律保护自己的人在将来的社会里寸步难行，没有法律意识和运用法律保护自己的本领，本应该是自己得到的东西也会飞走，本是出于善意的行为却可能被裁决为违法甚至是犯罪。家长要引导孩子增强法律意识，提高辨别是非的能力，提高自我控制的能力。既要学会如何运用法律保护自己，也要懂得如何遵纪守法。让孩子认识到法律的重要性，具备运用法律保护自我的本领，是在现代社会中生存，进而取得成功的必备条件。

第二章 家庭身心健康教育

世界卫生组织明确指出："健康不仅指没有疾病，而且包括身体、心理和社会适应在内的完全状态。"所以，人的健康应包括身体健康和心理健康。身心健康是人体内部生态环境的平衡与健康。

身体健康是心理健康的基础和载体，心理健康又是身体健康的条件和保证。人是由大脑统一指挥、各生理系统协调活动的有机体，生理活动与心理活动是互相联系、互相影响、互相制约的。积极健康的心理状态，有益于身体健康；消极不健康的心理状态，使人容易患生理疾病。同样，生理机能的异常状态也会导致心理的变化。作为家长，不仅要关心孩子的身体健康，还要对孩子进行心理健康教育。

第一节 认识高中生的生理特点

孩子考上了高中，就进入了最紧张的学习阶段，甚至比大学还要紧张，因为在我国现行条件下，高中的学习成绩也许就决定了孩子一生的道路。进入高中阶段的学生，思想和行为意识已逐渐形成，他们即将迈入成年人的队伍，同时，高校的大门也缓缓地向他们开启，学习的紧张和压力更是牵动着家长和孩子的心。此时的孩子有哪些特点？家庭教育又该如何进行？这些问题是需要家长认真研究和对待的。

作为高中生的家长，常常会感到一种困惑，不知为什么，自己好像对孩子越来越不了解了。上了高中的孩子会变得越来越像个小大人，他们不仅个子长得比父母都高了，而且显得更加成熟，更加稳重，更爱思考问题，也更有主意了。但是，他们毕竟还没有真正成熟，有时还会表现出一些盲目、幼稚和不稳定。在认知水平和个性特征上，他们与小学生和初中生相比有了一些新的特点，全面了解他们的这些特点，是成功家长必备的知识。

故事一　小周今年16岁了，在学校中很多男同学声音都变粗了，身高也在猛增，可只有他长得还像个小孩子似的，声音细细的，胡须也没长出来。小周对此并不在乎，他说："妈妈告诉我，发育晚的人长得高。"

故事二　北京大学第一医院男科中心在不到3个月的时间里，先后接诊了100多名生殖器官发育异常的男青年。这些前来就诊的患者，有的是在参加征兵体检时才发现异常的，有的却是结婚前后知道病情的。北京大学第一医院男科中心辛钟成教授感慨万分地说，做父母的本应该在孩子发育期及早治疗患儿的生殖器官发育畸形，可是由于父母"性盲"，延误了孩子治疗的最佳时机。如果父母对孩子的生理变化熟视无睹，不闻不问，等到有了问题或问题严重时，后悔已晚。

故事一反映了孩子发育晚的现象。很多家长往往会忽略孩子可能存在的性发育延迟，小周的妈妈就是不知道这个概念，才会误认为自己的孩子"一切正常"。如果孩子性征发育比同龄孩子明显延迟，则可认为是青春发育延迟，即，女孩到了13岁时乳房还未发育，或到15岁还未出现骨骼生长突增的情况；男孩如果在14岁时睾丸还未发育，或在16岁时还未出现身高增长加速的情况，则可考虑为青春发育期延迟。孩子的发育若偏晚一两年尚属于正常现象，家长是不用着急的。但是，发育太晚就要引起重视了。

故事二反映了孩子发育异常的情况。孩子进入青春期后，家长对孩子身体的关注已不再是发育早熟的问题，而是发育是否迟缓或是否异常的问题。

孩子在高中阶段的生理发育，正处于青春发育的末期。这个时期，人体生长在经过青春期的快速发育后，进入了相对稳定阶段，也就是发育成熟和定型阶段。高中生的身体生长，主要表现在形态发育、体内器官的成熟与功能的发育、性生理成熟几个方面。

第一，家长可以观察到孩子身体的迅速变化与成熟。我国高中学生，大多数年龄在15~18岁的范围内。这个年龄阶段，人体的生长发育反映在外部形态上的特征：一是身高、体重、胸围的发育。这是评价身体发育的各项形态指标，它们先后出现增长速度减慢，年增长值减少的趋势，但仍处于生长发育的重要时期。二是男、女生由于肌肉、脂肪的增长水平不同而体现出不同的体态特征。三是性生理成熟带来了第二性征的出现，即除生殖器官以外的不同性别的特殊征象，如阴毛、腋毛、乳房、胡须、变声等更加显著，男孩子成了肩宽体壮的男子汉，女孩子则发育成丰满娇美、亭亭玉立的大姑娘。

第二，到了高中阶段末期，孩子的心脏功能加强，肺活量增大，脑的发育和神经细胞的分化均已达到成人的水平。他们的身体素质、运动能力迅速发展，达到了人生的最高水平。此时，他们活泼好动，精力旺盛，但也容易冲动、闯祸。

第三，性生理的成熟给孩子造成巨大震荡。由于男女机体差异的客观存在，性意识产生并随着年龄的增长而发展，异性间的吸引、接触、交往就成为必然。有人将性意识的发展分为三个阶段：两性疏远期、两性接近期和两性恋爱期。高中生即处于两性接近期，因而，高中时期两性间的相互吸引是符合规律的，家长不必惶恐、担忧，但要对异性交往给予必要的引导。

教子有方小课堂

没有健康，人生归零。我们要工作，要生活，要有幸福，必须先有健康；我们能吃苦耐劳，要在世界上生存下去，也必须先有强健的体格。随着时代的飞速发展，越来越多的人深切地体会到“健康的身体比什么都重要”。只有体质健壮、精力充沛的健康人，才有可能成人、成才、成功。因此，家长要高度重视孩子的身体健康，采取多种方式进行健康教育。

1. 指导孩子科学用脑

不要用脑过度，连续用脑时间不要太长，一般学习一小时左右就要休息，不要等到“脑袋发木”才停止学习。如果长时间用脑，消耗过程超过恢复过程，就会产生疲劳，影响健康。

2. 合理休息，培养良好的习惯

高中生应自觉地遵守科学的作息制度，每天按时睡觉、起床、学习和生活，养成良好的学习、生活、卫生、饮食、睡眠等习惯。

3. 定期或不定期给孩子体检

孩子的生长发育是非常快的，每个阶段身体的状况以及容易患的疾病是不同的，所以体检的重点也是不一样的，对于孩子的体检家长千万不能掉以轻心。

4. 重视常见病、多发病的预防

疾病会影响孩子身体的健康，对于疾病问题，重点在于预防。日常生活中有很多的常见病，有些人因为没有及时治疗而丢掉了性命。常见病、多发病虽然不太严重，但是不可以忽略。

第二节　认识高中生的心理特点

高中生心理已经和初中生有很大不同，高中阶段上与少年后期相接，下与青年中期相连，因此，在身心发育和社会成熟方面与之互有一些交叉。作为处于少年期结束，青年期开始阶段的高中生，个体心理的发展具有以下几个基本特点。

其一，认识能力的发展达到高峰期。青少年脑和神经系统发育的成熟为他们认识能力的发展提供了重要的物质基础，同时，他们活动范围的扩大和学习内容的加深也对他们认识能力的提高提出了新的要求，在这种情况下，高中生认识能力的发展进入了一个新阶段。

其二，社会性需要的发展达到高峰期。由于活动范围的扩大、交往水平的提高和社会角色的多样化，高中生的社会性需要也得到了迅速发展。

其三，自我意识发展进入关键期。高中阶段是自我意识发展的关键期。之所以这样说，是因为高中生自我意识的发展水平比起初中阶段有了明显的提高。不论是自我评价的自觉性、客观性，还是自我体验的深刻性和自我调控的有效性，都有了新的进步。

其四，思维发展进入稳定期。在思维类型上，抽象逻辑思维已占据主导地位；抽象逻辑思维发展逐渐由经验型向理论型转化；辩证思维迅速发展；思维的自我监控水平明显提高。

一个男孩初中毕业时本想上中专学计算机，但是，母亲一定让他上高中，在分数比录取线低30多分的情况下，母亲想办法送他进了市重点高中，满心希望儿子能体谅家长的苦心，好好利用这个机会争取考上理想的大学。然而，母亲每天苦口婆心的劝导和督促根本无效，儿子的表现让她大失所望，不仅几门主科成绩都在全班倒数一二名，而且经常找借口出门同几个上了中专的初中同学外出逛街、玩游戏机。对此，母亲气急了，把儿子狠狠地责骂了一顿，结果儿子一连7天没回家，天天在同学家打游戏，把母亲气得要疯。最后，在学校的建议下，母亲向咨询部门求助，才弄明白，原来孩子因为家长不尊重自己的意愿，始终憋着一口气：你不是根本不考虑我的意见吗？那好，我也不听你们的意见！加上在重点学校里学习跟不上，成绩总是不好，跟同学们也合不来，孩子更增强了对家长的反感，对学习干脆采取了放弃的态度，于是，就出现了上述那些表现。

故事一方面反映了孩子独立性与依赖性并存的心理矛盾特点，反映了家长具有控制欲、凭想当然替孩子做主的情况；另一方面反映了孩子叛逆的行为表现和不良后果。相信不少家长都有过这么一段经历，孩子自上中学后开始，总是多多少少喜欢和自己“对着干”，让他上东偏上西，让他打狗偏打鸡，一直和家长唱反调。其实这并不全怪孩子，因为叛逆心理是每个孩子成长的必经之路。

高中生正处在脱离父母的心理断乳期，随着身体的迅速发育，自我意识的明显增强，独立思考和处理事物能力的发展，他们在心理和行为上表现出强烈的自主性，迫切希望从父母的束缚中解放出来，而他们的感情变得内隐，即内心世界活跃，但情感的外部表现却并不明显。这些特点常阻碍着父母与子女的相互了解。

青春期孩子的自我意识开始慢慢觉醒，他们渴望独立，渴望成长，渴望平等和受到尊重。他们具有很强的自信心和自尊心，热衷于显示自己的力量和才能。不论是在个人生活的安排上，还是在对人生与社会的看法上，开始有了自己的见解、自己的主张。他们已不满足于父母、老师的讲解，或书本上的现成结论，对成年人的意见不轻信、不盲从，要求有事实的证明和逻辑的说服力。对许多事物都敢于发表个人意见，并为坚持自己的观点而争论不休。如果说生理上的断乳是个体被动地离开父母，那么心理上的断乳则是个体主动地离开父母。

教子有方小课堂

逆反是一个人成长过程中必经的阶段，如果对孩子的逆反心理与逆反行为听之任之，就会阻碍他的成长，甚至导致病态的人格；但如果与逆反的孩子较劲，也会产生不良后果，甚至会引发悲剧。可见，对孩子的逆反，既不能不管不问，也不能采用硬碰硬的教育方式，而要使用多种多样的教育方式方法。

1. 改变不恰当的教育方式

要放下长辈的架子，像朋友一样平等对待孩子。不要企图控制孩子，摒弃专制型、溺爱型、放任型、唠叨型等不良的教育方式。

2. 多与孩子沟通

要加大情感投入，多与孩子交流，不要因为工作忙、应酬多而忽视孩子的对话需求。当子女向父母谈他感兴趣的话题时，要集中注意力听，不要心不在焉或不理睬。还要抽空多陪孩子参加他们感兴趣的活动，如看足球赛、演唱会等。

3. 运用逆反心理的正效应

例如，使用激将法。本来家长心里非常想让孩子考重点大学，但是嘴上就不那么说。家长可以现身说法，比如说，我们当年只考了个中专，连大学都没考上，我们也不能对你要求太高，那样对你不公平，你能上个职高就行了。孩子听了这话会不服气，他会想，你们瞧不起我，我就做出个样子给你们看看，非要超过你们不可！孩子就是孩子，很多时候，你越不让他干什么，他越想干什么，所以，家长要巧妙利用逆反心理的正效应，激他一下，这比命令式和唠叨式教育方式管用。当然，这种方法不一定对所有孩子奏效，如果激将不成，还要换别的方法，防止孩子自暴自弃。

4. 建立民主、平等的亲子关系

要用尊重的语气而不是教训的语气说话，允许孩子情绪自然流露，甚至允许孩子强词夺理。家里的事要征求孩子的意见，让孩子参与家庭管理。对需要干预的事不要采取简单粗暴的方式，不要把自己的价值观强加给孩子。

第三节　重视家庭食育

所谓食育，就是从幼儿期起，给予食物、食品相关知识的教育，并将这种饮食教育，延伸到艺术想象力和人生观培养上。

狭义的食育即饮食行为教育，是指对孩子进行包括饮食观念、膳食营养知识和饮食卫生安全等一系列营养学的教育。

广义的食育即通过各种饮食观念、营养知识、饮食安全、饮食文化等教育和多种多样的烹饪、栽种等体验，获得有关“食”的知识和选择“食”的能力，培养出有人与自然、环境和谐相处的意识，有传统食文化理解力，有良好饮食习惯的能过健康生活的人。广义的食育对象并不仅仅是孩子，可以是父母和大人；不仅仅是知识灌输，更是各种快乐的体验；不仅仅是获得关于食的技能，也是培养对大自然负责任的态度和意识。

我国近年来“小胖墩、豆芽菜”明显增多，偏食、挑食现象普遍。儿童高血压、糖尿病、性早熟等更是屡见不鲜。要想从根本上提高中国人口健康素养，提高国民生命质量，食育工作必须从娃娃抓起，并贯穿整个青少年成长阶段，而我们国家关于青少年的食育仍是空白或欠缺，因此食育功在当代而又迫在眉睫！

16 岁的小萌持续发烧 20 天，被查出肺部有阴影，但无法确诊，险些要“开胸验肺”。

小萌今年上高二，平时偏食，只吃蔬菜和鸡肉，体质很不好。上月她突然持续低烧，去医院后胸片、CT 都做了，发现肺部有四处阴影，却无法确诊，按传统方法只能开胸取出组织做活检。日前，小萌来到另一所医院胸外科，该院用“新式武器”给小萌进行了支气管镜透视检查，结果显示阴影为肺结核，主要跟营养不均衡、压力大、运动少等因素有关。

跨过温饱线后奔向富裕的人们，如今遇到一个不大不小的问题：生活好了，而孩子的营养却出现了问题。存在问题的根本原因是目前给孩子吃的方面存在许多误区，很多家长还处在“营养盲”阶段。为了搞好家庭保健，使全家人特别是孩子提高健康水平，家长一定要学点儿营养方面的科学知识。

在有限的资金下，如何把孩子的营养搞上去，最需要的其实是知识而不是物质。没有知识，会把仅有的钱用来购买低营养价值的零食饮料；有了知识，就会用它购买高营养价值的天然食品。同样的投入，不同的选择，等到孩子长大成人时，其发育和健康质量会有天壤之别。因此，我们可以这样认为：穷并不是营养不良的理由，富也不是产生慢性病的原因，无知才是它们共同的根源！如果现在还不开始行动，经济水平的提高，只会带来营养不良加上肥胖的双重恶果。孩子们每天以甜饮料和蛋糕点心为主食——这样的例子太多，也太危险了！

古人说，王以民为天，民以食为天。这说明饮食对人类非常重要，人类要生存，首先要解决吃饭问题，在吃饱的基础上再解决吃得好、吃得科学的问题。吃与人的健康最为密切。吃，能吃出健康来，也能吃出疾病来，关键在于吃什么，怎么吃。在物质生活日益丰富的今天，由于食品安全和饮食不当带来的疾病，越来越多地困扰着现代人。食物，不只养人，也能害人！

21 世纪，中国乃至世界，人们的饮食观念发生着巨大的变化，利用合理的饮食结构与食物来保健、防病和延缓衰老，正越来越多地被人们所重视。俗话说："药补不如食补。"可见，提倡科学饮食不仅是人类赖以生存的必要条件，而且是防病、治病的良药，是一门科学，对于个人、家人乃至国人的健康，有着至关重要的作用。

家庭食育，关键在家长。

教子有方小课堂

高中生的生活节奏越来越快，工作、生活、学习的压力也越来越大，轻松快乐的生活似乎离他们越来越远；同时，他们的饮食也变得越来越简单，快餐、方便面、不科学的饮食习惯，使得高中生的健康状况令人担忧。如何协调好学习与健康的关系？是学习重要，还是健康重要？看来已经成了一个棘手的难题。人们只有在身体出现了这样或那样的问题后，才意识到科学饮食、健康生活的重要性，此时，也许还来得及补救已经受到伤害的身体。那么，高中生怎样做到科学饮食呢？

1. 就餐时应保持良好心情

饭前心情不好会影响食欲，导致吃不下或吃得很少；正在吃饭时出现突发事件会引起情绪波动，导致食欲下降。

2. 食饮有节

吃饭要有节制。所谓节制就是要抑制一下自己本能的欲望，不要暴饮暴食，不要饭菜顺口时就吃得太饱，不顺口时就不吃或少吃。

3. 平衡膳食

平衡膳食就是根据人体营养需要和各种食物中营养素的特点，调整膳食中各种食物的种类和比例，以达到最理想的营养。平衡膳食有两点要求：一是要求食物的摄入量与人体的需求量之间的平衡；二是要求食物品种多样化，使各种营养素之间的比例满足人体需要。

4. 三餐不可少

脑的能量供应大多来自葡萄糖，一顿饭的营养只能为大脑提供 50 克左右的葡萄糖，约为每日所需的三分之一，保证三餐，才能确保大脑不“罢工”。三餐的间隔要合理。两顿饭间隔 4~5 小时，营养高效吸收不浪费。三餐分配要合理。一般早、中、晚餐的能量分别占总能量的 30%、40%、30% 为宜。

5. 吃清洁卫生、不变质的食物

在选购食物时应当选择外观好，没有污泥、杂质，没有变色、变味并符合卫生标准的食物，严把病从口入关。进餐要注意卫生条件，包括进餐环境、餐具和供餐者的健康卫生状况。集体用餐时提倡分餐制，减少疾病传染的机会。

6. 指导孩子锻炼身体

家长指导孩子开展体育活动，不仅能使他们的身体得到锻炼，给孩子带来快乐，而且能促进其意志力和智力的发展，提高学习成绩。如果因担心影响学习、弄脏衣服或受伤而限制孩子的活动，将给孩子的身心发展带来巨大的损失。

7. 要积极为孩子减负

面对以分数为主要录取标准的高考，当今的高中生成了最苦最累的人。如果不给孩子减负，他们的体力和精力容易双双透支，不仅影响健康，还影响孩子的全面发展。

第四节　加强生活教育

生活教育强调的是以生活为中心的教育，反对传统教育脱离生活而以书本为中心。“生活即教育”，教育离开了生活，便不成为教育。“教育即生活”，生活离开了教育，便不成为生活。好的生活就是好的教育，坏的生活就是坏的教育；健康的生活，就是健康的教育；非健康的生活，就是非健康的教育。学校里的教育有很多是空洞的、理论性较多的教育，而生活中的教育却是实在的教育、终身的教育，把理论和生活结合在一起，这种教育才是成功的教育。

让孩子学会生活可能比学会学习更重要。学会学习，可以保证他有一个光明的前途；而学会生活，则意味着他将拥有健康的身心和幸福的人生。

小张家境贫寒，父亲身体有残疾，妈妈把家庭未来的希望几乎全部寄托在儿子小张身上。在小张几个月大的时候，他的妈妈就教他读唐诗。1985 年，仅仅 2 岁的小张就认识 1000 多个汉字了。4 岁的时候，小张在妈妈的教育下已经学完了初中课程。1991 年，只有 8 岁的小张进入县重点中学读书，13 岁的时候，小张以高分考入湖南湘潭大学物理系就读。2000 年，只有 17 岁的小张本科毕业，考取中科院硕博连读研究生。

小张的出色表现使他成为媒体争相报道的对象，他被很多媒体称为“东方神童”。但是，小张在考取中科院研究生之后，他小时候积累的问题集中爆发出来，他缺乏基本的生活自理能力，甚至连基本的穿衣常识都不具备。据说有一年冬天，他竟然只穿一件单衣，趿拉着拖鞋在北京街头闲逛。小张的生活自理能力为什么这么差呢？原来，小张小时候妈妈为了让他专心学习，从来不让他做家务，连洗澡洗脸都由他妈妈帮助。据说小张上高中的时候，他妈妈还给他喂饭。

小张在中科院读研究生第三年的时候，因为缺乏生活自理能力，加上小时候“速成”的教育模式，在知识结构上也不适合中科院高能物理研究所的研究模式，小张被劝退了。

小张被劝退后，他和妈妈都深受打击。值得庆幸的是，他们经过一段时间的反思之后，重新找到了出路：那就是从头开始培养小张的基本生活能力，包括洗衣、做饭、拖地等基本的家务劳动。

从头开始的小张像是换了一个人一样，他不像原来那样只知道闷在家里死学习了，而是在妈妈的鼓励下走向社会，多和别人交往。后来，小张不仅找到了自己中意的妻子，而且重新考取了北京工业大学生物物理专业的研究生，一家人过上了幸福美满的生活。

小张的经历给人们的启示是：孩子的独立生活能力远比学习成绩重要。独立生活能力是孩子一生幸福生活的基本保证，如果家长忽视了生活教育，孩子即使学习成绩再好，也难免会出问题。

据统计，我国一些大学新生由于离开父母，远离亲人的庇护，无法独立生活，他们竟然不会洗衣服，别出心裁地把脏衣服打成包裹寄回家中请父母代劳；另一则消息则是说一位大学生由于自理能力差而适应不了大学生活只好退学。这两则消息，不禁让人咋舌，为之沉思。在应试教育向素质教育转轨的过程中，出现这种现象，似乎不足为怪，但它却越来越暴露出应试教育的弊端，使我们不能不为之着急，为之担忧。

我国有些青少年之所以缺乏独立生活的能力，一是家长溺爱子女造成的。在家长的庇护下，孩子们像是生活在蜜罐中一样，没有风吹雨打，没有磨难。他们就是在过分的宠爱下，失去了锻炼的机会，就像没有晒过太阳的小草弱不禁风，得了天生的软骨病。二是我们的学校教育长期以来太重视分数，用升学率的高低衡量学校的教学水平，以致出现高分低能的现象。三是家长和社会仍信奉传统的“万般皆下品，唯有读书高”的封建哲学思想。只要自己的子女学习好就可以了，至于其他的苦活累活自己全都大包大揽下来也心甘情愿。四是传统的学而优则仕的人才选拔标准仍旧盛行，社会上对“三百六十行，行行出状元”并不是真正的认可。

一项抽样调查显示，上海高中生对家务劳动的疏远程度，达到了令人吃惊的地步。调查表明，近六成高中生起床不叠被子；五成从不倒垃圾，也不扫地；七成不洗碗，不洗衣服；九成从不洗菜做饭。还有部分高中生什么家务也不做，个别人连整理书包都要家长代劳。不得不说，我国父母以爱之名，毁掉了不少孩子。因此，从小培养孩子的独立生活能力，让孩子学会生活就成了家庭教育的当务之急。

教子有方小课堂

生活是完整的，又是多姿多彩的。生活教育的内容是全方位的。家长对孩子进行生活教育，要从一些平常的小事入手，注意生活细节。

1. 巧妙进行餐桌教育

就餐本身应该是一种施行教育的过程，如果巧妙地运用好就餐时间，全家人会感到吃得香、吃得舒服、吃得顺气，也利于健康，还可使子女在餐桌上学到很多科学的生活常识，并提高修养。如果利用就餐时间教训孩子，则会造成孩子心理压抑、情绪低落，使两代人隔阂越来越深，家庭气氛也越来越紧张。因此，家长应创造一个轻松愉快的进餐环境。

2. 正确指导孩子看电视

电视是孩子的校外课堂，是形象生动的教科书，是良师益友。当家长的应该充分利用它，帮助孩子懂事明理，增长知识，开拓视野。家长要采取积极主动的态度，引导孩子看电视。要有节制、有选择地看，要多读书少看电视。

3. 科学安排假期生活

寒暑假是孩子经过一学期紧张学习之后调剂身心的时间。父母应予以科学合理的安排，使孩子度过一个安全的、有意义的假期。

4. 营造健康的课余生活

第一，家长要为孩子的课余生活把好关；第二，培养孩子正当的艺术爱好；第三，让孩子喜欢阅读；第四，让孩子运动健身；第五，让孩子积极参加公益和公共活动。

5. 带领孩子外出游玩

对孩子来说，外出游玩是成长过程中非常使人高兴的事情。孩子喜欢游玩正是其生命力旺盛与求知欲强烈的体现。让孩子接触社会、领略祖国风光是让孩子身心得到健康发展的重要途径。因而，抓住这一时机，培养孩子良好的行为习惯，是每个家长的职责。

6. 培养孩子的责任意识

一个人的责任感强烈与否，很大程度上决定着其独立生活能力的形成。只有树立强烈的责任感，孩子才能敢于面对生活的挑战，独立地承担责任，并很好地生活、生存下去。

7. 培养孩子独立思考的能力

独立思考问题，是独立解决问题的前提条件。一个人如果不善于独立思考问题，那么他面对众多新问题时将一筹莫展，束手无策。独立生活要求孩子要善于独立地思考问题。

8. 对孩子进行吃苦教育

对孩子适当进行吃苦教育，是一种大爱的表现，是对孩子负责的表现，有助于孩子成长。哪一个父母都不可能照顾孩子到老。现在让孩子吃苦是为了孩子以后不受苦；现在舍不得让孩子吃苦，将来孩子就会受苦。适当让孩子吃苦更能让孩子体会到幸福的甜蜜。所以，父母一定要对孩子进行吃苦教育。

9. 培养孩子不怕困难、顽强拼搏的精神

任何事情都不可能是一帆风顺的，一帆风顺只能是良好的祝福和一厢情愿。因此，我们要着重对孩子进行意志毅力方面的培养，培养孩子顽强拼搏的精神，遇到困难始终不低头，不气馁，要百折不挠，不达目的誓不罢休。

第五节　加强情商培养

情商，是测定和描述人的情绪情感的一种指标。它具体包括情绪的自控性、人际关系的处理能力、挫折的承受力、自我的了解程度以及对他人

的理解与宽容。现代心理学家认为，情商与智商同样重要，是个人走向成功的一个要素。情商就是情绪智慧，是人格状态和品质的反映，是一种稳定存在的情绪、品质和人格素质。

美国心理学家高曼综合心理学的研究成果认为，情商与智商不同，它不是天生注定的，而是由下列五种可以学习的能力组成的：

一是了解自己的情绪。能立刻察觉自己的情绪，了解产生情绪的原因。

二是控制自己的情绪。能够安抚自己，摆脱强烈的焦虑忧郁以及控制刺激情绪的根源。

三是激励自己。能够整顿情绪，让自己朝着一定的目标努力，增强注意力与创造力。

四是了解别人的情绪。理解别人的感觉，洞悉别人的真正需求，具有同情心。

五是维系融洽的人际关系。能够理解并适应别人的情绪。

心理学家认为，这些情绪智慧是生活的动力，可以让智商发挥更大的效应。情商还是影响个人健康、情感、人际关系的重要因素。情商为人们开辟了一条通往事业成功的新途径，它能使人们摆脱过去只讲智商所造成的无可奈何的宿命论态度。

甲、乙、丙三人初中毕业，学生甲考入省城的师大附中实验班，该校两个实验班每届在全省的优秀初中毕业生中限招 80 人。毫无疑义，甲的智商很优秀了。乙、丙两人考入市一中，乙的考试成绩高出市一中录取线 60 多分，丙刚好达到市一中的录取线。甲、乙、丙三人进入各自的高中学校学习后，甲迷上了网吧、电游；乙情窦初开，专心谈恋爱；丙自认天赋不高，专心读书学习。三年后三人高考成绩揭晓，甲考了470多分，低于一般本科线20多分，无缘踏入大学门槛；乙的考试成绩更糟，比甲还少100分；只有丙取得630多分的好成绩，他自己理想中的重点大学在向他招手。

从三人的智商来看，甲优于乙，乙优于丙，从三年学习的效果来看，智商最差的丙却超过了甲和乙。显然，对于三人来说，是智商以外的因素——情商决定了他们三年里学习的失败与成功。

甲、乙、丙三人的考学情况说明，情商比智商更重要。智商是一个人聪明程度的标志。一般说来，智商越高，成功的机会越大。但是，有的人智商很高，却一事无成。于是，心理学家发现，非智力因素对成功的影响也很大。所谓非智力因素包括性格、意志力、人际关系等，后来统称情商。智商多由先天遗传而来，情商主要在后天形成。在人们对智商和情商的研究中，得到两个数字，一个人的成功要素中，智商占20%，情商占80%。在美国，人们流行一句话："智商决定录用，情商决定提升。"在全球，智商育子成才，情商育子成人；智商决定小成，情商决定大成；性格决定情商，情商决定命运。这些说法已经成为人们的共识。

情商是促进一个人成长和成功的必然要素。情商素质的高低，直接影响着青少年的心理健康与身心全面发展。当前，我国青少年的情商素质现状不容乐观。在关于中学生情商及其与心理健康的关系研究中发现，中学生的情商与心理健康水平呈显著的正相关。由此可以看出，情商对于一个人的心理健康水平有着至关重要的作用。情商素质与个体心理健康之间有着极其密切的互促关系。心理和谐的前提是情绪和谐，情绪健康是心理健康的重要表现。因此，增强青少年情商素质，应当成为当代家庭和学校心理健康教育的核心内容，是引导青少年战胜心理失衡、维护心理健康的首要任务和关键所在。

教子有方小课堂

有些孩子的成绩非常好，但是在考试发挥失常的情况下，由于心理素质差，不能很好地控制和调整自己的情绪，而做出极端的行为，这些都属于情商低的表现。对孩子而言，任凭他的智力如何超群，学业多么优秀，但若缺乏良好的情绪管理能力，情商很低，他就很容易出现性格上的偏差。因此，家长一定要重视对孩子的情商教育。

1. 培养孩子管理自己情绪的能力

管理情绪包括两个方面的内容：一是能够充分地表达自己的情绪，不压制情绪，引导孩子说出自己的感受，或者替孩子把心中的想法说出来；二是要善于克制自己的情绪，把握表达情绪的分寸。

2. 培养孩子理解他人情绪的能力

人生活在世界上，就一定要和人联系，只有理解他人的情绪，才能真正实现知己知彼，成长为一个高情商的人。

3. 培养孩子管理人际关系的能力

家长要鼓励孩子与人交往，培养他们友爱、协作、大方、开朗、公道、礼貌等管理人际关系的能力。

4. 培养孩子承受挫折的能力

让孩子多接触社会，经风雨见世面。不给孩子机会，他的抗挫折能力是不会自然萌发的。要鼓励孩子不怕失败，让孩子从失败中获得智慧，提高承受挫折的能力。

5. 帮助孩子树立自信

自信是情商的基石。自信的孩子不怕失败，不怕别人的攻击，拥有良好的抗挫折及抗压能力。

6. 加强自我心理调节

自我心理调节的核心内容包括调整认知结构、情绪状态，锻炼意志品质，改善适应能力等。

7. 培养孩子的自我激励能力

充分认识自我、激发自我潜力是孩子未来成功的内在动力。自我激励能力强的人善于度过困境，也能在顺境中把握自我。

8. 让孩子保持乐观的情绪和良好的心境

高中生应保持积极乐观的情绪、愉快开朗的心境，对未来充满信心和希望，当遇到使人悲伤和忧愁的事情时要学会自我调节，适度地表达和控制情绪，做到胜不骄、败不馁、喜不狂、忧不绝。

第六节　帮助孩子克服心理障碍

心理障碍是指一个人由于生理、心理或社会原因而引发的各种异常心理过程、具有异常人格特征的行为方式，是一个人表现为没有能力按照社会认可的适宜方式行动，以致其行为的后果对本人和社会都是不适应的。

心理障碍的表现有很多种形式，如抑郁、焦虑、恐惧、嫉妒等。我们重点来谈一下嫉妒。

嫉妒是指人们为竞争一定的权益，对应当团结的人怀有一种冷漠、贬低、排斥，甚至是敌视的心理状态，一旦放任即可能产生嫉妒心，它让人感受到难过的滋味，严重时，人会产生恨的情感。嫉妒是一种比较复杂的心理，包括焦虑、恐惧、悲哀、猜疑、羞耻、自咎、消沉、憎恶、敌意、怨恨、报复等不愉快的心理状态。别人天生的身材、容貌和逐日显现出来的聪明才智，可以成为嫉妒的对象；其他如荣誉、地位、成就、财产、威望等有关社会评价的各种因素，也都容易成为他们嫉妒的因素。

嫉妒是一种不健康的心理，也是消极的情感表现。在日常生活中，嫉妒的发生发展大致有三个层次：一是潜意识嫉妒心理。这是广泛存在于人类心灵中的嫉妒心理，是嫉妒心理的第一层次。这一层次的嫉妒隐藏在人的潜意识中，很难为人察觉到，这种嫉妒心理对人的心理激活作用很微弱，一般不会产生严重后果，不能算是心理障碍，但这种心理因素存在非常普遍，因此应当特别注意。处于潜意识嫉妒心理层次的人，其嫉妒心理是羡慕、竞争等心理因素自然积淀的混合体。二是需要及时控制的显意识嫉妒心理。显意识嫉妒心理是指嫉妒心理潜意识进入显意识，其重要标志是嫉妒心理的指向性和发泄性明显化，浮出潜意识层面，成为心理障碍。三是危险的变态嫉妒心理。当嫉妒心理超出潜意识层次，进入显意识层次又得不到控制，再向前发展时，就进入变态嫉妒心理层次，成为心理疾病。嫉妒是个恶魔，它总是藏在隐蔽的角落，悄悄毁掉人类最美好的东西。对于人的成长而言，嫉妒实际上是一种破坏力很强的心理障碍。每一个希望获得健康心理、具备健康人格的人，都应该摒弃嫉妒，排斥嫉妒，远离嫉妒，切记不可嫉妒。

一位母亲的述说　儿子放学一进家门，就气冲冲地说："老师偏心，我就是不服。"我忙问怎么回事。儿子说："我和李捷数学成绩不相上下。这两次考试，李捷的成绩都比我低两分，老师却让他去参加数学竞赛。这明明是老师偏心，他妈妈在学校当老师！老师照顾他！""你觉得是这个原因吗？"我问。"当然了，我们班的李飞、陈阳也都这么说。我们几个成绩都差不多。""那除了李捷，还有谁参加了？""陈英和李晓落！""陈英和李晓落的妈妈也是学校的老师吗？""不是，陈英每次考试在年级中都是第一名，当然只要有一个参加的名额就是她。李晓落去年就参加了数学竞赛，还获了奖。他们两个参加当然没有人有意见。"听完儿子的话，我忽然想起了曾经看过的一个故事，于是灵机一动。我走进里屋拿出两个大小差不多的苹果，让儿子挑出一个大的。儿子掂掂这个，拿拿那个，最后选出来一个。我问："你确信这个苹果比那个大吗？"儿子支支吾吾地说："不确定。因为这两个苹果差不多大小，要想确切地知道哪个更大，得用天平称一称。"我没有说话，又拿出一个最大个儿的苹果，和刚才那两个放在一起，显得特别突出。我对儿子说："现在再从这三个苹果里挑一个最大的。"儿子毫不犹豫地把那个大苹果挑了出来。我问："你确信这个是最大的吗？"儿子说："当然，这还用问，一眼就看出来了啊。"我说："是啊，第一次那两个苹果大小差别只有一点点，甚至用肉眼看不出来差别。你即使选出一个来，也不能确信它是不是更大些。而第二次那个大苹果比前两个大得多，不用掂量，你一下子就能选出哪个是最大的。你想想，你和李捷成绩相差无几，老师挑选他不挑选你也不能说明老师偏心。如果挑选你，说不定同学们还会说老师偏心你呢。因为你们两个竞争实力并不强，被选中也许只是靠一点点运气。谁又能保证以后每一次幸运之神都能降临呢？而老师挑选陈英、李晓落，没有哪个同学说老师偏心。为什么呢？因为他们就像那个大苹果一样，让人一眼就看出来自己与众不同。所以要想获得机会，不要抱怨，不要灰心，应努力去积蓄养料，使自己长成那个能脱颖而出的大苹果，用事实说话，才会让人信服。你说是吗?”儿子使劲点点头说：“妈妈我懂了，我要努力做那个最大的苹果。”

故事在内容上反映了孩子存在失落感和嫉妒心，在教育方式方法上说明了生硬的说教远不如一个浅显的比喻来得透彻明了。

高中生有不服输的精神是好事，但事事样样不服输，却是不可取的。人有所长必有所短，高中生嫉妒的结果往往是损害别人，贻误自己。

有嫉妒心理的高中生，应该把这种心理转化成竞争的动力，并通过竞争来提高自己各方面的能力，通过自己的不断努力来超越对方，久而久之，高中生就避免了嫉妒心理产生的消极影响。

嫉妒的危害极大。一方面，它会导致人际关系破裂，对对方造成伤害；另一方面，它会引起不良的情绪反应，引发紧张焦虑，极大地影响人的身心健康，导致身心疾病。就像巴尔扎克说的那样：嫉妒者的痛苦比任何人的痛苦更大，他自己的不幸和别人的幸福都使他痛苦万分。可见，嫉妒不利于人的成长，削弱人的竞争能力。在妒火中烧的时候，有些人还会做出不理智的行为，对嫉妒对象进行打击和人身伤害，从而让自己也随之被毁灭，这就像飞蛾扑火。青少年因为个性不成熟，嫉妒心理往往以某种破坏行为表现出来，所以危害更大，应该引起我们的足够重视。

嫉妒心理不是平白无故产生的，从起因上看，主要是因竞争或受挫产生的。因为生活当中竞争无处不在，包括青少年的学习，所以参与竞争就变得是家常便饭。当学生参加竞争的时候，必然会有输赢，此时，如果不能正确地认识输赢，输的一方往往就会产生挫折感，嫉妒心理往往就会产生。有的因为别人成绩好过自己，有的因教师对他人的表扬而不服，有的因自己容貌欠美、身材欠佳而对生理条件优越的同学产生怨恨，有的因自己家境贫寒而对家庭社会、经济地位高的同学心生嫉妒等。嫉妒往往是因为自己不如他人而担心不被认可，不被重视所致。也有的人并不因为受挫而产生嫉妒心理，他们往往心胸比较狭隘，对自己缺乏信心，不能容忍他人优于自己，所以选择攻击、诋毁对手，希望在诋毁他人的过程中提升自己的自信心。虚荣心是嫉妒心理产生的温床。青少年往往虚荣心较强，而虚荣心是一种扭曲了的自尊心。自尊心追求的是真实的荣誉，而虚荣心追求的是虚假的荣誉。对于嫉妒者来说，他要的是面子，不愿意别人超过自己，以贬低别人来抬高自己，这也正是虚荣、空虚心理的需要。

嫉妒与虚荣一样，都是愚昧无知的表现。心怀嫉妒的人，不懂得大自然没有物竞天择就不能发展，社会没有人与人之间的竞争就会停滞。只要有竞争，就会有人超前，有人落后；齐头并进，不分高低上下，只是一种幻想。在商品经济社会中，竞争更加广泛激烈，优胜劣汰的现象比比皆是。今天你超过别人，明天别人又跑到你的前面，你追我赶，彼此竞争高下，都是正常现象，只有这样才有利于社会的整体建设、个人的全面发展。

教子有方小课堂

孩子的嫉妒心虽是心理发展中的自然现象，但家长们不能听之任之，应及时疏导，以免孩子形成不良性格。平时要关心孩子与人相处时的各种表现，一旦发现孩子有嫉妒心的苗头，就要及时疏导。

1. 不以己之短比他人之长

嫉妒心理往往来源于将自己的短处与别人的长处进行比较。心理学家告诫，别人拥有再多也与自己无关。别人的成功并不意味着世界上成功的名额减少了，因此不能说明自己就成功不了。

2. 保持“比下有余”的心态

总有人拥有的比自己多，也总有人不如自己，要正确对待别人，不盲目攀比。孩子嫉妒心起时，不妨引导他看看周围那些不如自己的人，或许他能够感激自己所拥有的一切。

3. 把握已有的

不要因为尚未得到的东西妒火中烧。让孩子想想自己有些什么，将视线转移到“我拥有”，而不是“我想要”，这样就会找到“富足感”。

4. 用祝福的心态看待他人

孩子“眼红”的时候，引导他马上改变思路，对别人的成绩和进步有一个正确的评价和态度，将嫉妒心转换成对他人的美好祝愿。理解他们成功背后的运气和努力奋斗的付出，真心祝福他们，用他们的成功激励自己。

5. 相信自己

每个人的能力可能会表现在不同方面，要善于发现孩子的特长，充分发挥自身优势，使其明确人生目标，不要因为别人早早取得成功而心灰意冷，甚至轻易改变自己的方向，相信自己一定会走出一条成功之路。要熄灭嫉妒之火，燃起奋进之火，通过努力缩小距离，从而达到新的平衡。

第三章　家庭安全教育

安全，是家庭幸福的保障。家庭的安全，是孩子平安、健康成长的重要保证。儿童安全惨剧频发，除折射出儿童在校安全教育仍有待加强以外，也反映出家长作为孩子监护人，缺乏安全意识、不知如何对孩子进行安全教育、过于依赖校园安全教育等现实，家庭安全教育缺失亟待补上。

家庭安全教育是儿童健康成长的必修课。孩子的安全，家长是第一责任人。科学系统的家庭安全教育，在保护好孩子的同时让孩子学会保护自己，既是孩子健康成长的前提，也是家长义不容辞的责任。

第一节　预防是安全教育的重中之重

安全关系到人的身心健康，乃至生命。安全无小事，安全是生活的出发点，也是教育的出发点。据我国卫生部门统计，每年有超过 50000 名 0~14 岁儿童死于意外伤害。其中，中毒和火灾是导致儿童意外死亡的两个重要因素。城市里 40% 的意外伤害发生在家中，假期和节日期间尤为突出。在儿童发生的事故中，摔伤头、磕掉牙、骨折、坠落、溺水、车祸等，都很常见。在这些突发事件当中，孩子缺乏安全意识，家长疏于防范是最主要的诱因。每年中国儿童交通死亡率是欧洲的 2.5 倍，是美国的 2.6 倍。在儿童意外伤害中，排除不可预见的自然灾害和人力不可抗拒的重大事故，约 80% 的非正常死亡是可以通过预防措施和应急处理避免的。

某村发生一起雷击事故，一名 17 岁高中生不幸被雷击身亡。被雷电击中身亡的少年叫小文，是一名高二年级学生。据小文的爷爷陈老先生介绍，事发当日，小文放假在家休息，吃完午饭后，就跟父亲分别回到各自的房间休息。房子是一排三间卧室，父亲睡在中间房的一张木床上，而小文则睡在侧边房间的一张不锈钢床上。

当时雨下得很大，并伴有雷电。下午 2 点多，突然一声巨雷在小文所睡的房间里响起，小文的父亲感到不妙，赶紧跑到小文房间查看，结果发现小文被雷电击得昏迷不醒。家人与附近村民一边打 120 呼救，一边对小文施救。然而等 120 救护车赶到现场时，小文已不治身亡。

据村民反映，该村是一个常发雷电的村庄，到了雷雨季节，这里打雷的次数特别多，雷声特别响。整个村庄有 200 多户，村民的房子大多数是一层平房，几乎没有避雷措施。部分村民只知道，雷雨天气尽量减少外出，拔掉电源开关，关闭电视机、电冰箱等家用电器设备等。除此之外，他们并不知晓其他的防雷措施。因此，这里发生的雷电事故也不少。

明天和意外，你永远不知道哪个会先来，但明天总会来，只是如果意外先来了，明天就不再是属于你的明天。天灾、人祸、病魔只是路过，却让你体会，生命真的没有那么长，死亡，其实就是分分钟的事情。人这一辈子说长也长，说短也短。人们常说来日方长，但在“意外”面前，来日并不方长。因此，预防“意外”的发生成为安全教育的重要任务。上面雷电击人的案例只是无数意外的冰山一角，这不仅仅是天灾，也有人祸的因素（不懂防雷措施）。我们不仅要关注天灾，更要防范人祸，全方位做好安全工作。

安全，要以预防为主，防患于未然。家庭是安全教育最重要的场所，是始发站。家庭安全教育需要预防的项目主要有：道路交通事故；行走、高空坠物、上下楼或违纪攀爬造成的伤害；孩子之间的暴力、打斗、伤害行为；敲诈、侵权行为；食品安全；失火、触电、水灾、溺水、地震、雷击；体育活动中的意外伤害；在网吧等社会文化娱乐场所引发的侵权和伤害；因学生旷课、逃学、离家出走在社会上遇到的不安全因素；网络游戏、聊天、不健康书刊、音像制品携带的不安全因素；社会黄赌毒现象的影响；社会不法分子对青少年的引诱、拉拢、教唆；父母离异、单亲、空巢留守、私租房屋引发的不安全因素等。要想把在家里家外可能发生的事故都列举出来是不可能的，只能列举一些主要事项，更多更细的工作还需要家长去研究。

教子有方小课堂

为了孩子的健康和安全，家长应该及早教给他们一些必要的安全常识以及处理突发事件的方法，注意培养孩子的自我保护能力及良好的应急心态。

1. 营造一个安全的家庭环境

家长要不断增强安全防范意识，要居安思危，考虑周全，对整个屋子进行安全隐患排查，防范措施要到位。

2. 加强安全知识的学习

参加安全培训班，向专业人士请教，通过媒体和互联网进行自学等，学习一些安全常识，包括学习一些急救知识。

3. 加强对孩子的教育

对孩子进行安全教育。家长可以在家里与孩子进行模拟演习，如火灾逃生演习、地震逃生演习等。通过安全演习和防范体验，对孩子进行全方位的教育指导。

4. 培养孩子的自我保护能力

父母给予孩子保护不如提高孩子自我保护的能力。自我保护能力是孩子健康快乐成长的必备能力。只有学会自我保护，远离危险，孩子才能拥有幸福，享受美好的生活。

5. 家校合作保安全

通过与学校互动，参与多样化安全课程，提高孩子的综合安全应急能力，形成教育合力，共建安全教育体系。

第二节 认识和警惕自然灾害

灾害是对人类和人类赖以生存的环境造成破坏性影响的事件总称。纵观人类的历史可以看出，发生灾害的原因主要有两个：一是自然变异；二是人为影响。因此，通常把以自然变异为主因的灾害称为自然灾害，将以人为影响为主因的灾害称为人为灾害，如人为引起的火灾、交通事故和酸雨等。

自然灾害是指给人类生存带来危害或损害人类生活环境的自然现象，包括干旱、高温、低温、寒潮、洪涝、山洪、台风、龙卷风、冰雹、风暴、霜冻、暴雨、暴雪、冻雨、大雾、结冰、霾、地震、海啸、滑坡、泥石流、浮尘、扬沙、沙尘暴、雷电、火山喷发等。

我国是世界上自然灾害种类最多的国家。自然灾害可分为八大类：气象灾害、海洋灾害、洪水灾害、地质灾害、地震灾害、农作物生物灾害、森林生物灾害和森林火灾。

2008年5月12日发生的汶川8.0级大地震，是中华人民共和国成立以来破坏性最强、波及范围最广、灾害损失最重、救灾难度最大的一次地震。2009年3月2日，经中华人民共和国国务院批准，自2009年起，每年5月12日为全国“防灾减灾日”。

在地震中，四川省绵阳市安县（2016年改为安州区）桑枣中学，2200多名学生和上百名老师，无一人遇难、失踪或受伤，堪称是“汶川奇迹”！这所学校在大地震中没被“震倒”，全靠一位名叫叶志平的校长加固了教学楼，网友们称其为“史上最牛校长”。但是叶志平之所以被称作“最牛校长”，不仅因为他长年累月地翻修和加固教学楼，还因为他自2005年起，每个学期都组织全体师生进行紧急疏散的防灾实战演习。对此，很多师生都不理解，认为没必要、没时间也不值得，但是叶志平依然“一意孤行”，事无巨细地有序安排师生进行疏散训练。

当汶川地震发生的时候，叶志平正好去外地开会，并不在学校，不过因为已经安全演练过很多次了，老师和学生都知道该如何逃生。所以当地震开始的时候，上课的老师先指挥学生们躲在桌子底下，随后见地震越来越厉害，便迅速组织所有学生往外逃跑。于是所有学生立刻按照平时训练的指定路线在 1 分 36 秒时间内迅速来到了操场上。整个过程安全有序，没有任何差错。而远在外地开会的叶志平在发生地震后，从绵阳疯了似的冲回来，他冲进学校，看到的是这样的情景：全校 2000 多名师生完好无损地聚在操场上，无一人受伤，他特意加固的教学楼也都屹立在那里，没有被震倒。看到这里，叶志平终于忍不住哭了，他尽到了自己的职责，保护了师生们，让他们完好无损，他可以安心向老师和家长交代了。

通信恢复后，老师们接到家长的电话，扯着嗓子骄傲地告诉家长：我们学校，学生无一伤亡，老师无一伤亡——说话时眼中噙着泪。人们感谢这位可敬的校长，家长感谢这位负责任的校长，老师和学生们更感谢这位好领导。

地震，又称地动、地震动，是地壳快速释放能量过程中造成的震动，其间会产生地震波的一种自然现象。地球上板块与板块之间相互挤压碰撞，造成板块边沿及板块内部产生错动和破裂，是引起地震的主要原因。

地震开始发生的地点称为震源，震源正上方的地面称为震中。破坏性地震的地面震动最强烈处称为极震区，极震区往往也就是震中所在的地区。地震常常造成严重人员伤亡，可能引起火灾、水灾、有毒气体泄漏、细菌及放射性物质扩散，还可能造成海啸、滑坡、崩塌、地裂缝等次生灾害。

据统计，地球上每年约发生 500 万次地震，即每天要发生上万次的地震。其中绝大多数太小或太远，以至于人们感觉不到；真正能对人类造成严重危害的地震有十几二十次；能造成特别严重灾害的地震有一两次。人们感觉不到的地震，必须用地震仪才能记录下来，不同类型的地震仪能记录不同强度、不同远近的地震。世界上运转着数以千计的各种地震仪器，日夜监测着地震的动向。

当前的科技水平尚无法预测地震的发生，未来相当长的一段时间内，地震也是无法预测的。所谓成功预测地震的例子，基本都是巧合。对于地震，我们更应该做的是提高建筑抗震等级，做好防范。

汶川地震虽然已经过去十多年了，但是我们永远不会忘记这段历史，它有经验，也有教训。人类对大自然的认知永远没有止境，防灾减灾、抗灾救灾是人类生存发展的永恒课题。叶校长用自己的一生，为全国人民上了他人生中“最重要的一课”，他让我们明白：平时未雨绸缪，才能防灾减灾！

桑枣中学防灾的成功经验主要有：一是强烈的避险意识。应该说，当今多数校长是有风险意识的，尤其是那些不定期组织学生进行紧急疏散演习的校长，但说不上强烈，他们更多的是秉承教育部门的旨意行事，尚未把学生的安全工作放在应试教育之上。叶志平则是自觉把学生的生命安全看得高于一切，其避险意识之强烈，几乎无人比肩。二是严谨的治校作风。叶校长认真负责的工作精神和办事严谨的工作作风令人叹为观止。这种作风不仅体现在对危房实验楼的加固修缮中，更体现在组织紧急疏散演习中。三是执着的求实精神。他不把演习当作戏，而是动真格。

汶川大地震已经用血淋淋的事实告诉人们，学生安全高于一切！所有学校都要把安全工作放在重中之重的地位，牢固树立以人为本的思想，切实负起保护学生生命的重任。但是，保护孩子的安全，做好防灾工作，不能光靠学校，家庭责无旁贷。家长必须强化避险意识，加强对孩子进行防灾技能训练。

教子有方小课堂

自然灾害一旦发生，生死存亡就在瞬息之间。在日常生活中，家长应当提高警惕，增强安全防范意识，保护自己和家人的生命安全。虽然自然灾害多种多样，不可能采取统一的措施进行防范，但常用的基本措施必须掌握。

1. 加强学习

学习有关灾害知识和减灾知识，经常收听国家、地方政府和主管灾害防治工作部门发布的信息，不听信谣言。还要学习一定的急救知识，准备一些必备药品，以便在灾害发生期间，医疗系统不能正常工作的情况下，及时自救和救治他人。

2. 平时做好准备

平时应做好个人、家庭的各种行动准备和物质、技术准备，保护灾害监测、防护设施。注意观察周围的自然变异现象，觉察自然灾害的征兆，有条件的话，也可以进行某些测试研究。

3. 对孩子进行自然灾害教育

收集有关自然灾害的信息，同孩子一起讨论分析，让孩子对自然灾害有全面的认识，不仅认清灾害的种类，还要认清灾害的危害性，并且了解不同灾害的不同防范措施。千万不要麻痹大意，不要抱有侥幸心理。

4. 提高孩子的自护自救能力

防灾教育不能停留在口头上，还要进行演练，提高孩子的应急避险和逃生能力。只有这样，当灾害发生时，才能保持清醒的头脑，选择正确的逃生方式，尽快脱险。

第三节 寒暑假的安全教育

寒暑假是每个学生都特别期盼的日子。少年儿童寒暑假安全问题是近年来备受关注的公众热点问题之一，如何安全度过寒暑假是家长们非常关心的事情。平时，孩子们都生活在温暖、幸福的家庭里，受到父母和家人的关心和爱护，似乎并不存在什么危险。孩子在学校时，虽然也有各种安全问题，但毕竟有老师在。放假后走出校园，就可能遇上一些新的问题。假期生活中有许许多多的事情需要特别注意和小心对待，否则就很容易发生危险，酿成事故。假期来临，无论是“读万卷书”，还是“行万里路”，都要增强安全意识。在安全问题上，来不得半点麻痹和侥幸，必须高度重视，严加防范，做到警钟长鸣。注意安全要人人讲，安全知识要时时记，安全隐患要处处查，安全教育要常常提。为了让孩子度过平安、快乐的假期，家长要帮助孩子制订寒假计划和暑假计划，并监督其落实。对于高中生来说，高考后的暑假是中学时代最后一个假期，也是最长的一个假期，高中毕业生可以学一样技术，年满 18 周岁的高中毕业生可以考个驾照。

故事一　暑假过半，已上高中的小东早早地完成了暑假作业，他非常无聊地在家里上网。时间长了，小东觉得上网也没意思了，于是，他向爸爸妈妈建议全家人自驾游，爸妈一商量，就同意小东的建议，小东非常高兴。经过一番准备，一家人很快就出发了。他们行进在弯弯曲曲的公路上，小东的妈妈正在讲怎样采摘燕窝。突然，小汽车飞了起来，重重落到地上，又偏离了公路，冲到了田里，妈妈用两只手分别把小东和哥哥压在身下，保护起来。小东不知发生了什么状况，他在车里往外看，发现车的头部正在冒烟，全家四人连滚带爬地从车里出来，以为汽车要爆炸，赶紧躲远一点。他们一看，车后镜撞掉了，保险杠撞飞了，水箱撞变形了。爸爸赶紧打电话求助，在好心人的帮助下，小东一家人脱了险。回想这次劫后余生的经历，小东仍然心有余悸。

故事二　大年初五，家住淄博的小明（化名）在家门口燃放鞭炮时，不慎被爆竹炸伤了右眼。在家人的陪同下，小明来到济南市第二人民医院就诊，被诊断为“眼球破裂伤”，伤势很严重，医生告知手术后也很难保存视力。小明即将参加高考，因为被鞭炮炸伤眼睛，或面临一只眼睛终生失明的命运，令人扼腕叹息。

故事一说的是小东一家人旅游的危险经历，说明旅游存在着不安全的因素。旅游安全涉及的因素包括旅游活动各环节的准备情况，也包括旅游活动中涉及的人、设备、环境等安全情况，既包括旅游活动中的安全观念、防范意识培育，也包括旅游活动中的安全防控、保障与管理等。“没有安全，就没有旅游”是各国旅游业发展的一条铁律。

旅游是有风险的，主要包括自然灾害风险、事故灾难风险、公共卫生风险、社会安全风险以及由于旅游企业的不当操作而导致的旅游业务活动风险等类型，具有客观性、偶然性、不确定性、隐蔽性和突发性等特点。具体来说，旅游风险主要有：飓风、台风、海啸、气旋、龙卷风、雷电灾害、洪水、暴雪、沙尘暴等气象灾害；地震、火山喷发、海啸、雪崩、泥石流等地质灾害；还有其他灾害，如森林火灾、意外跌落、疾病、中暑、摔伤、交通事故、食物中毒、动物咬伤、缆车意外事故等。

造成旅游风险的原因主要有：

1. 思想上不重视

家长没有真正树立“预防为主”的观念，存在侥幸心理，旅游前做准备工作时，只顾高兴，很少或者没有对孩子进行安全教育，对旅游过程中可能出现的问题没有预估，更没有防范预案。

2. 安全意识淡薄

旅游安全事故的频繁发生，在很大程度上都是人们的安全意识淡薄和安全知识缺乏造成的。这里所指的人们既包括旅游从业者，也包括旅游者。

3. 景区安全设施不完善

某动物园里发生过狮虎伤人、吃人的事件，其主要是由景区安全设施不完善造成的，但也存在一些游客不按园方规定，自行与猛兽靠拢等原因。

4. 自驾游交通隐患多

自驾游不同于一般游山玩水，应该看成是对驾驶员能力的全面考验，尤其是不走常规道路的自驾游客，随时面临驾驶、认路、应变意外的挑战，如果轻率上路，往往会出事。

故事二讲的是烟花爆竹对孩子的伤害，燃放鞭炮一旦受伤，往往是轻伤少、重伤多。每年春节前后，都是因孩子燃放烟花爆竹引发事故的高发期。虽然许多地方已规定不许燃放烟花爆竹，但是很难彻底禁止。烟花爆竹在大人眼里可能是迎财神图吉利的一种方式，但是在孩子眼里，却充满了神秘和新鲜。烟花爆竹燃放时瞬间温度可达 1000 摄氏度，即便是成年人，稍有不慎都极易引发事故，更何况缺乏经验的孩子。

燃放烟花爆竹有安全隐患，这是一个众所周知的常识，这样的事故为何还是频频发生？一方面，寒假期间，孩子有更多的户外活动时间和空间，许多家长图吉利，对于孩子燃放烟花爆竹并不介意。另一方面，学校和家长的安全教育不到位。学校里虽然三番五次提醒孩子燃放烟花爆竹要注意安全，但往往停留于说教的层面，很难入脑入心；一些家长也认为这样的悲剧距离自己很遥远，从心理上没有引起足够的重视，没有把假期安全管理放在心上。多种因素叠加，事故便发生了。

春节期间安全事故的一再发生，给学校和家庭安全教育敲响了警钟。对孩子给予正确的引导，将事故发生率降到最低，实乃刻不容缓之事。寒假尤其是过年期间，家长作为孩子的第一监护人，必须履行好自己的监护责任。烟花爆竹是孩子特别是“熊孩子”春节期间乐此不疲的“玩具”，对此家长不能大意，要切实提高孩子的安全防范意识和防范能力，节日安全警钟需常常敲响。

教子有方小课堂

旅游和放鞭炮只是假期安全的两项内容，假期安全包括很多方面，如上网安全、用电安全、交通安全、饮食安全、游泳安全等，都需要加强防范。假期安全要注意以下方面：

1. 过马路时要小心

一定要左右看，慢走，走安全路段，要走人行横道或紧靠路边行走，不闯红灯、不翻越交通隔离护栏。

2. 注意乘车安全

出行时，要注意乘坐正规的交通工具，不坐黑车或其他不正规车辆，避免走失。未满12周岁不骑自行车及共享单车，不坐副驾驶座位。未满16周岁不驾驶电动自行车。

3. 远离危险冰面

寒假外出玩耍时要避免去危险的地方，比如，不要到设有防护栏、警示标牌等自然结冰的江河、湖泊、水塘、水池等冰面游玩，以防发生破冰溺水事故。

4. 正确燃放烟花爆竹

在没有禁止燃放烟花爆竹的地区，接近年关，烟花爆竹大量上市，购买时，要在家长的陪同下，到正规的经销处购买。放烟花时要注意安全，最好在长辈的陪同下燃放，要选择在空旷的地方燃放，防止引起火灾，伤到行人。

5. 注意食品安全

放假期间可能会有很多聚餐和外出就餐的机会，要注意选择有信誉的餐厅和食品，不要食用过期或者不卫生的食品，不要贪图便宜购买来源不明的食品，避免食物中毒等食品安全问题。

6. 注意临时居住安全

如果旅游住宿，一定要选择安全可靠的住宿场所，注意检查门窗是否牢固，避免发生火灾和盗窃等安全问题。在住宿期间，要小心使用电器和燃气设备，避免使用不安全的电器和燃气设备，避免发生火灾和燃气中毒等安全问题。

7. 注意人身安全

在寒暑假期间，要避免走夜路，不要单独前往人迹罕至的地方，不要盲目去探险，不要随意接受陌生人的邀请，避免遭受猥亵和其他人身侵害。

8. 注意网络安全

寒暑假期间，很多学生会利用网络进行学习和娱乐，要注意网络安全问题，不要随意泄露个人信息，不要下载不安全的软件和文件，不要相信网络上的谣言，避免网络犯罪和网络侵害。

9. 保护好自己的财产

外出时要保护好自己随身携带的物品，避免造成事故和不必要的损失。

10. 谨防诈骗

家长要引导孩子提高防骗识骗的能力，不让骗子有可乘之机。前往景区游玩时，要通过官方渠道购买门票，谨防二手交易；收到陌生的节日短信、二维码、链接，不要轻易点击或扫描；节假日期间进行网络购物，请选择正规网店，支付时请小心警惕，使用正规的第三方支付平台；外出游玩时，不要连接来路不明的 Wi-Fi；不要轻易泄露个人的身份信息和银行卡账号，不要将收到的验证码告诉他人；谨防猜铅笔、猜扑克、易拉罐中奖、假币、短信中奖等各项骗局。

第四节　指导孩子做一个机警的人

机警，就是机智敏锐，对情况的变化觉察得快。机警不仅是人对外界做出的迅速反应，更是成功者必须具备的素质。很难想象，一个稀里糊涂的“马大哈”怎么能干出一番事业？说到机警，德国人的机警在世界上是出了名的，有人半认真半开玩笑地说，在德国几乎找不到一个在其他国家随处可见的“马大哈”。这与德国人从小就培养孩子的机警素质有关。德国人普遍认为机警不仅是一种“习惯”，而且是一种成大器者所必须具备的素质。德国家长在培养孩子的机警素质方面有一条重要原则，就是从小事着眼。德国人要求孩子上幼儿园或学校时不要遗失课本、铅笔、玩具，一旦遗失须尽力找回来。上街购物须算清每一笔账目，在公共场所则须警惕不要被窃钱包，晚上就寝前须关好门窗，在大人没在家时对登门的陌生人须保持一定的警觉等。可见，一个机警的人，不仅能够保护物品安全，而且能够保护自身安全。毋庸置疑，把孩子培养成为机警的人是每一个家长的重要责任。

故事一　有个老太太坐在马路边望着不远处的一堵高墙，总觉得它马上就会倒塌，见有人走过去，她就善意地提醒道：“那堵墙要倒了，远着点走吧。”被提醒的人不解地看着老太太，并大模大样地顺着墙根走过去了，那堵墙没有倒。老太太很生气：“怎么不听我的话呢？”又有人走来，老太太又予以劝告。三天过去了，许多人在墙边走过去，并没有遇上危险。第四天，老太太感到有些奇怪，又有些失望，便不由自主地走到墙根下仔细查看，然而就在此时，墙倒了，老太太被掩埋在灰尘砖石中，气绝身亡。

故事二　张明同学放学回家时，发现家门有被撬的迹象，而且听到屋内有乱翻东西的声音，当时他并没有轻率地推门进去，而是悄悄地退回到一楼，想向警卫叔叔求救，碰巧警卫叔叔有事不在，加之许多成人都还没有下班回家，整栋楼静悄悄的，在这紧急关头，张明果断地拿起门卫处桌上的电话拨打110报警，警察闻讯赶来将贼抓获。

故事一说明：提醒别人时往往很清醒、很机警，但能做到时刻清醒地提醒自己却很难。所以说，许多危险来源于自身，老太太的悲哀便因此而生。故事二说明：张明是很机警的，如果当时张明冒昧地冲入屋里和歹徒搏斗，那后果是不堪设想的，幸好他机智而勇敢地面对意外事件，采取得力措施获得了理想的效果。

机警就是有智慧，但有知识不等于有智慧，知识积存得再多，若没有智慧加以应用，知识就失掉了价值。知识不如方法，方法不如智慧。智慧是头脑的智能，是一种洞察力和判断力。有勇气能改变可以改变的事情，有胸怀能接受不可改变的事情，而有智慧却能分辨出何时能改变，何时不能改变，知道什么时候“为”，什么时候“不为”，还要用智慧指导行为“怎样为”；知道你在做什么事，知道要做什么样的事，知道能把什么事做成什么样，这就是智慧。只有方向，而没有智慧，方向本身是没有意义的。智慧有时就是一种权衡和折中，用中庸拒绝极端，用理智分析情景，用务实发挥影响，用冷静掌控抉择，用自觉端正态度，用学习积累经验，用勇气放弃包袱，这就是智慧。一个人如果缺少智慧，就不可能成为机警的人。

教子有方小课堂

孩子的机警素质不是天生的，需要后天培养，需要从小培养。上面的案例充分说明了对孩子进行机警教育的重要性。

1. 通过角色扮演来培养孩子的机警能力

如，父母扮演骗子或盗贼，让孩子扮演受害者，然后再互换角色。游戏过后别忘了给孩子讲道理。另外，通过假设一些意外事件启发孩子解答，也能培养机警的素质。

2. 通过实践演练来训练孩子的机警

如，父母让孩子晚上独自在家处理诸如关好门窗，检查水源、电源、火源，接听电话等事，再对孩子所做的一切加以评述。再如，当孩子独自在家时，让朋友装扮成陌生人来敲门，看孩子如何应对。

3. 要引导孩子机智应对陌生人

一个机警的孩子，不应仅仅满足于“不跟陌生人说话”。德国人往往教育孩子，在遇到陌生人时应通过察言观色、反问问题等多种途径来辨别其真相，然后选择出最合理的应对方式。这样，孩子的“机警水平”会渐渐从低级阶段步入高级阶段。

4. 要培养孩子的灵商

灵商，也叫魂商，就是对事物本质的灵感、顿悟能力和直觉思维能力，即人对事物本质的认识能力和应变能力。人类终极智力之灵商，尽管通常都是来源于偶然，消散于无形，但其间所蕴藏的巨大价值却不是简单的数字可以估量的。灵商并不是科学家、艺术家、发明家的专利，平常人或多或少也是具有的；灵感思维也并不只是在发明创造中发挥独特的甚至是不可估量的作用，在日常生活中也是极为重要的。平时，我们说某人脑子很“灵光”，指的就是灵感思维，即有顿悟性；说某人是个“机灵鬼”，那他就是一个机警的人。为什么人往往在紧急关头能急中生智、随机应变？其实就是“灵商”在发挥作用。培养孩子的灵商会一举多得。

第五节 防治常见病、多发病

常见病，就是在临床上比较常见的疾病，而不是少见或罕见的疾病。常见病主要有呼吸道疾病，如咳嗽、哮喘、鼻炎、支气管炎、肺炎等；有皮肤疾病，如手足口病、湿疹、水痘、过敏性皮炎、风疹、白癜风、红斑狼疮、癣等；有肠道疾病，如腹泻、便秘、阑尾炎、腹痛、胃肠炎等；有口腔疾病，如龋齿、鹅口疮、口臭等；有眼科疾病，如近视、泪囊炎、斜视、过敏性结膜炎等；还有其他疾病，如贫血、低血糖、流鼻血等。

多发病是指人群中时常发生的疾病。如气管炎、感冒等。不同地区、不同生活条件和季节有不同的多发病。

一位高中生的述说　我是一名高中生，是学校红十字社团的成员，平时喜欢翻阅一些医学书籍。在这里我讲一个我亲身经历的事情。那是在高中二年级时，当时是上午的大课间，有20分钟的自由活动时间，突然有一位女同学说自己心慌、浑身无力……我听到后，急忙上前，发现她头冒冷汗、面色苍白、脉搏较快，我当时判断她可能是低血糖。于是我大声询问周围的同学，有谁带糖果或者面包、饼干之类的食物。同学们纷纷拿来了糖果、面包等食品，我赶紧往这位女同学嘴里塞了糖块，又让她喝了些温水，很快，她精神好多了，不舒服的症状消失了。经过询问得知，她早上未吃早餐就到学校上课了，三节课后出现了低血糖症状，而且她平时吃饭比较挑食。

低血糖在医学的标准是血糖 < 2.8 mmol/L，常见的症状有：心慌、饥饿感、出虚汗、面色苍白、视物模糊、口唇麻木、头晕、头痛、昏睡，严重者可出现惊厥、昏迷，甚至死亡。可见，低血糖危害很大，必须引起家长的高度重视，不要让低血糖低龄化、常态化。

高中生正处于青春发育期，全身各部分器官逐渐发育成熟，代谢旺盛，活动量大，学习任务繁重，大脑皮层长期处于高度紧张之中，消耗糖原较多，这段时期如果营养供给不及时或出现营养不良，可能使青春发育期推迟。

高中生的饮食不但要保障每天体力、脑力劳动的消耗之需，还要供给迅速发育的身体需要，这三者加在一起，他们每天的能量需要就相当可观了。试想，前一天的傍晚 6 点吃的晚饭，经过一夜时间，再不吃早饭，一直要到第二天中午 11 点吃饭，这中间少说也有 17 个小时，身体这样长时间得不到能量补充，怎么能健康生长发育？孩子不吃早饭处于半饥饿状态，上午后两节课就会精力不集中，降低学习效率，长期下去会成绩下降，智力减退，影响身体发育。同时，长期不吃早饭，不仅会引发低血糖，还会引起胃病。所以，不要说不吃，就是少吃也不行，因为少吃也不能满足上午学习活动的需要。因此，高中生一定要保证摄入营养搭配合理的一日三餐，提高身体素质和学习认知能力、注意力、获取信息的能力，为将来走上工作岗位、建设祖国打下良好的身体基础。

教子有方小课堂

常见病、多发病虽然不太严重，但是不可忽视，一经发现应及早治疗，千万不要大意。

1. 保持室内空气清新

室内应经常开窗换气，确保室内、室外空气的对流交换，定期用各种空气消毒剂喷洒房间。

2. 讲究卫生

教育孩子讲究卫生，养成饭前便后洗手的习惯，谨防病从口入；吃瓜果前要洗净、削皮，不喝生水，不吃过期、变质的食物；被褥、衣物、手帕等经常拿到阳光下暴晒；食具、玩具和便器要定期消毒，预防病原菌的传播。

3. 坚持健康饮食

一要经常吃葱姜蒜，增强人的免疫力；二要以清淡素食为主，多吃蔬菜瓜果、五谷杂粮；三要避免暴饮暴食，不偏食、不挑食；四是不买“三无”食品，不吃街头小摊贩售卖的各种垃圾食品。

4. 加强锻炼

培养孩子一两项体育爱好，多进行户外活动，长期坚持锻炼身体，增强体质，提高抵抗力。

5. 劳逸结合，保证充足的睡眠

高中生的睡眠时间要保证 7~8 小时，要制定合理的作息制度，养成良好的睡眠习惯，保持良好的睡眠质量。

第六节 重视家庭生命教育

生命教育就是引导学生认识生命、尊重生命，提高生命质量，实现生命价值的教育。生命教育有广义与狭义两种：狭义的生命教育指的是对生命本身的关注，包括个人与他人的生命，进而扩展到一切自然生命；广义的生命教育是一种全人的教育，它不仅涵盖了人从出生到死亡的整个过程及这一过程所涉及的各方面对生命的关注，还包括生存能力的培养和生命价值的提升，倡导认识生命的意义，尊重和珍惜生命，超越生命，从而提升人的生命质量，最终实现生命的价值。

生命教育是一切教育的前提。对于我们每一个人而言，没有了生命，就没有了一切；放弃生命，就放弃了存在的基础。只有健康的生命，才能赢来完满的人生。

一天下午，在小区内的路边，倒着一名穿校服背书包的女孩，她不停地呕吐，面色惨白，而她身旁扔着一个装敌敌畏的空瓶，发现她的居民赶紧拨打了报警电话。

民警通过女孩的学生证联系了其所在的学校。学校老师说，女孩当天没有去学校，也没有向老师请假。随后老师给家长打电话，得知女孩也没有回家，学校和家长正在焦急地四处寻找她。

经了解，女孩刚升高一，是个很听话的孩子，学习也一直很努力，最近在学校也没有和其他同学发生矛盾。那为何女孩会躺在路上口吐白沫，旁边还有一个敌敌畏空瓶呢？

随后民警在女孩的书包里找到一张字条，上面写了一段话，大概意思是“我已经很努力地学习了，但考试成绩还是不理想，感觉学习压力太大了”。民警怀疑她是因为学习压力太大，所以选择了逃学在外喝敌敌畏自杀。好在附近的居民发现得及时，这才没有铸成大错。经过医院的救治，当日下午5时左右，女孩脱离危险。

学习压力过大，产生焦虑心理，是女孩自杀的一个重要原因。作为一个中学生，应该懂得：是生死重要还是学习成绩重要呢？现在的学生学习压力大是事实，但如果学习压力大就选择死亡，那么，更重要的一个原因是生命教育的缺失，造成了孩子对生命的轻视。

长期以来，中小学生命教育状况并不乐观，这就使得青少年面对压力或遭受打击的时候，由于对生命的价值缺少正确的认识而做出极端的反应，近来频繁见诸报端的中学生自杀事件，已经给我们敲响了警钟。

开展生命教育是家庭教育、学校教育和社会发展的需要，是孩子健康成长的需要，是构建幸福家庭与和谐社会的需要。开展生命教育不仅要引导孩子珍爱生命，更要启发孩子积极创造生命的价值。每一位家长都应该以弘扬生命价值、提升生命品质、陶冶生命情感、培育生命态度作为自己家庭教育的目标。家庭要努力营造生命教育的氛围，让孩子能够体验生命、感悟生命，既要引导孩子懂得惠泽人类自身，也要启发孩子树立起与其他物种和谐共处的意识。生命教育就是要孩子懂得关心今日生命的存在，同时也要计划明日生命的发展。生命教育不但要让孩子关注自身的生命，更要启发孩子关注、尊重、热爱他人的生命。

每一个生命的诞生都凝聚着孕育者的艰辛，也延续着生命的传承和新的希望。遵循生命的血脉相承、代代相传的生存规律，大自然因此丰富绵延，生命因此生生不息，世界因此绚丽多彩。

当我们用心去关注生命，会为生命的神奇而感到无比的震撼。在生物界每天诞生的生命中，成为一个人是多么不容易。人类的生命是多么神圣与伟大。生命同样也是极为艰辛与脆弱的，从两个小小的细胞结合成长为健康的人类，这中间的任何一次疏忽或灾难，都有可能使生命受到威胁甚至终止。认识到生命的神奇与脆弱，我们才会远离一切伤害生命的行为，保护生命，珍惜生命，敬畏生命。

生命是不断发展、生成的“进行时”，没有固定不变的本质。每一个人的生命都是基于自己独特的遗传基因、独特的生存环境和社会实践活动发展而成的唯一存在，生命唯一地属于自己，具有不可重复性。只有认识到生命的唯一性，才能更加认识到生命的可贵。

个体身心发展的互补性告诉我们：不管生存环境如何恶劣，只要生命存在，发展的可能也就存在。懂得珍惜，不放弃希望与梦想，我们的生命就会焕发出属于自己的光彩。

死亡是生命历程中不可避免的自然环节，生命因其短暂而弥足珍贵。向死而生，向苦难而欢乐，这是生命发展的必然之路。通过生命教育，化解生存和死亡、有限和无限的紧张对立，消除对死亡的恐惧、焦虑，勇敢地正视生老病死问题，坦然地面对生命之无常，将对死亡的深刻认识转化为珍惜生命、珍爱健康、欣赏生命、热爱生命的强大动力，进而提高自己的生命和生活质量，才能在社会进化的轨道上越走越远，并不断实现生命的超越。

教子有方小课堂

家庭在生命教育中占有基础地位，家庭生命教育是奠基工程。家长要利用家庭的优势对子女进行生命教育，可通过生命的起源或以身边亲朋好友的离世为切入点，引导他们理解生与死的意义，从而关爱自己和他人，崇尚生命。

1. 引导孩子敬畏生命

科学理性地引导孩子认识生命，懂得生命的可贵，从而学会尊重生命，学会接纳家庭新成员的诞生，学会面对生命的逝去和亲人离别。同时也要懂得敬畏自己的生命，把该做的做好；敬畏别人的生命，不给别人添麻烦；敬畏所有生灵。

2. 教育孩子热爱生命

孩子的成长过程是让他们接触生命规律与内涵的最佳时机，家长要教育孩子感恩生命，要有孝敬之心，常怀感激之情，从而热爱生命和世间万物。

3. 教育孩子提升生命责任

要让孩子懂得对自己的生命负责，对自己的亲人负责，对自己的未来负责。学会负责的前提，就是要树立理想，通过不懈的努力，不断实现人生的目标，不仅成就自己，还要回报社会，造福人类，这才是人之为人的使命，才是人的真正生命价值所在。

4. 明确家庭生命教育的内容

一是思想教育。对孩子进行思想教育首先要让孩子认识生命。懂得生命是可贵的，是不可重复的。其次是珍爱生命。树立生命需要呵护的意识，掌握保护生命的技能，提高防范意外死亡的能力。最后是发展生命。增进健康，增强生命活力，追求人生价值，升华生命。在上述三个层次中，认识生命是基础，珍爱生命是关键，发展生命是目的。

二是生存教育。生存教育是以培养和训练孩子生存能力为主要目的的教育。生存与发展是当代少年儿童教育的主题，生存教育已成为21世纪教育的必要内容和教育发展的基本方向。学会生存，才可能更好地生存，才可能获得发展。生存教育要使孩子学会在“独自”情况下生存，学会在压力下生存，学会在紧急状况下生存，学会在集体中生存，学会在逆境中生存。开展生存教育，家庭是第一主体。生存教育的场景范围很广，如家庭生活、遇灾逃生、遭受侵扰、审慎交际、青春危机、心理健康、理性购物、网络安全、交际礼仪等。家长应从多方面、多途径实施生存教育。

三是生死教育。生死教育是一个问题的两个方面：一是生的教育。家长要引导孩子认识生命的现象与规律，启发孩子思考生命的价值与意义，从而让孩子树立正确的生命观。一定要这样告诉孩子：一个人活在世上，不仅要爱国、爱民、爱亲人，还要爱自己；爱自己不是错，爱自己就是热爱生命。二是死亡教育。死亡教育是生命教育中的一个难点。认识死亡，才能更好地认识生命。通过死亡教育可引导孩子思考对死亡的认识，探讨关于死亡的看法和观点，消除对死亡的恐惧、焦虑心理，懂得生命的珍贵，懂得不能随意践踏生命，坦然面对自己与亲人及他人的死亡问题，增强抗挫折能力。在我国，长期以来，许多家长认为，与尚未成年的孩子谈论死亡话题好像过于沉重，因而，对死亡教育大多采取回避的态度。回避生死是家庭教育的一大误区，面对当代孩子日益凸显的生命体验与死亡认知需要，谈生论死，家长义不容辞，责无旁贷，必须帮助孩子树立正确的生死观。

四是生态教育。生态教育也是家庭生命教育的重要内容。一方面，人的生命不可能单独存在，它与万事万物共同存在于大自然中，人必须学会与其他生命共存，家长应该教育孩子关爱动物、保护环境，共同维护自然生态的平衡与和谐，“天人合一”，是为了让人的生命活得更加健康与美丽；另一方面，人不仅存在于自然生态中，也存在于社会生态中，因此，家长应该教育孩子学会与人相处，学会尊重和关爱他人，只有这样，才能真正趋向个人、社会和整个生态的和谐。

五是危机教育。危机教育对于未成年人来说非常重要。这里所说的危机不是指政治危机、经济危机、社会危机等，而是指公共危机。家长要教育孩子重点强化公共危机意识，向孩子介绍国内外各个时期的公共突发危机事件，认识其突然性和危害性，让孩子充分认识到地震、急性传染病、重大交通事故、火灾等公共危机突发的可能性。加强危机教育，就是要实事求是，面对现实；就是要多看不利因素，多寻“避短”之方。危机教育不仅仅是防天害，更为重要的是防人祸，如防骗、防盗、防色狼、防绑架等。

5. 把握高中阶段生命教育的要点

着重帮助和引导孩子形成科学、合理的性生理、性心理和性道德观念；培养对婚姻、家庭的责任意识；学会保护自己的合法权益；学会尊重他人、理解生命、热爱生命；培养积极的生活态度和人生观。相关教育重点内容包括：了解生育过程和避孕的方法，认识到人工流产对身心的伤害；学会正确应对性侵害；学习和了解每个人在婚姻、家庭与社会中的责任、权利和义务；关心人类生态危机，理解生态伦理，自觉参与环境保护等。

第四章　高中生学习与就业指导

学生进入高中，一切都是新的起点，需要新的学习规划和学习力度。升入高中，孩子要面对更概括、更抽象、更难以理解的课程，面对更激烈、更紧张的竞争环境，面对更长的在校时间，这些都要求高中生必须增强学习意识、拼搏意识，做好承受压力、经受挫折、忍受寂寞的心理准备。

对于高中生就业问题，严峻的就业形势依然摆在人们面前，高学历也并不能代表好未来。刚刚走出题海的高中生，既无经验也没技能，能找到理想工作的可能性微乎其微。家长要根据家庭和孩子的情况，与孩子协商，找出一条最佳发展之路。

第一节　让孩子顺利应对高中生活

融入高中，需要一个循序渐进的过程。与初中阶段相比，高中学习无论是课程设置、学习内容、学习方法，还是孩子的人际关系、身心发育等都会面临许多新课题。孩子由于对高中阶段缺乏认识或准备不足，往往在入学后手足无措，出现种种不适应，严重影响了学习质量。心理学家认为，人类的心理适应，最重要的是对人际关系的适应，所以，人的心理困惑，主要是由人际关系的失调带来的。对高中生的相关调查发现，人际关系问题成为困扰学生成长的重要因素，诸如与同学、与异性、与老师之间的交往，往往会干扰他们敏感的心。在这个时候，孩子往往会表现得烦躁、焦虑、少言寡语、心事重重。

孩子进入高中，很多父母心里甚至比孩子的激动和憧憬都多。当孩子身上发生一些出乎意料，甚至有点不合逻辑的变化，父母便显得很着急。这时，家长要做的就是克服焦虑情绪，帮助孩子做好充分的思想准备，以自信、宽容的心态，尽快融入集体，适应新同学、适应新校园环境、适应与初中迥异的纪律制度。要让孩子记住：是你主动地适应环境，而不是环境适应你。

小艺从延庆区以优异的成绩考入北京市一所重点学校，她是家里的独生女，初中时住在家里，生活上的一切都由父母安排，无需自己操心，渐渐地养成依赖父母的习惯，来到高中之后，对自己即将面临独立生活不知所措。学校宿舍比较简陋，8人一间的宿舍，每人只有一个小小的柜子放物品，自己大包小包的东西无处可放，更让人难以忍受的是，学校的住宿管理是准军事化管理，一层楼只有一个卫生间，早晨上厕所要排队，吃饭时要排很长的队才能打到饭菜，还要自己洗衣服，这些使曾经衣来伸手饭来张口的小艺非常难过。报到当天，小艺当着父母的面又不好说什么，觉得忍一忍可能就过去了。小艺喜欢安静，进入高中后住在多人的宿舍里，晚上躺在床上，怎么也睡不着觉，尤其是熄灯以后，同学们都叽叽喳喳说个不停，她躺在床上，想着自己三年时间要独立面对陌生的人，在这个陌生的环境下读书学习、生活，又一时找不到新朋友，无法倾诉所遇到的烦恼，看着自己的同学、舍友三人一群两人一伙整天有说有笑的，小艺就感到十分孤单，心里的失落感加重。她每天打电话跟妈妈诉苦，哭着喊着要回家，并恳求父母给她转到家附近的学校学习。但父母并没有同意，觉得这种不适应环境是新生中常见的一个问题，习惯了慢慢就会好的。现在小艺觉得很压抑，终日以泪洗面，越来越不开心，她想到自己还要在这个学校待上三年，心里便充满了绝望。

从小艺的表现来看，她主要存在两个问题：一是情绪低落；二是回避交往。小艺的这种情况属于新生适应不良，也称学校适应不良综合征，在新生中尤为常见。美好的高中生活，充满着欢乐，也蕴含着辛酸。面对新环境、新老师、新同学以及新课程，高中生会感受到高中学习生活与自己以前的生活有很大不同，其内心会产生种种情绪体验和心理感受，其中也难免有不同程度的不适应感。

对于孩子“入学不适应”的情绪和体验，家长和孩子应怎样去理解和对待呢？一般来说，孩子由初中到高中要过五道关：一是生活关。孩子在家时多数处于中心地位，生活自理能力一般都不强，上高中后可能离家更远，需要住宿，而吃住都不一定随心。家长要利用好假期这段时间，不但要为孩子做好物质方面的准备，还要对孩子进行生活习惯和技能方面的训练，以适应新的学校生活。二是学习关。为帮孩子尽快适应高中阶段的学习，作为家长，一方面要及早与老师沟通，了解孩子的在校表现；另一方面要想办法与孩子保持联系，或打电话，或校访，或陪读一段时间，尽快让孩子适应新环境，以防学习退步。三是名誉关。很多高一学生在初中时是老师眼里的才子，是学生心目中的明星。进入高中之后，情况发生了变化，面临的是高手如林的激烈竞争，尖子生可能不“尖”了，原来是班级或校级学生干部的，可能变成了“庶民”，相对位置变了，原有的自我荣誉感体会不到了。对此，家长要及早提醒孩子，让孩子及时找准自己的坐标，避免产生失落感、自卑感。四是交往关。首先是同老师的交往。家长要提醒孩子，一定要适应老师的教学方式。须知，老师不能因为你一人而改变他多年的教学风格。其次是与同学的交往。高中生对友情很关心，他们的友谊常常能终生保持，最让家长担心和头疼的是孩子同异性同学的交往，家长不要硬性干预，要疏导，让孩子把握好男女交往的“度”，要特别注意加强非智力因素的培养，让孩子把精力集中在学习和生活上。五是高考关。面对高考，家长好比幕后军师，为考生在高考考场的胜利运筹帷幄、出谋划策。总体来说，适应新的环境需要一定的时间和合适的方法，希望以下方法能对那些较难适应新环境的高中生及其家长有所启示。

教子有方小课堂

进入高中，意味着孩子在成长与求学的道路上又向前迈出了一步。如果说小学是基础期，初中是转折期，那么高中则是冲刺期。在冲刺期的第一年里，家长就应该帮孩子做好开启高中生活的思想准备，从踏入高中校门的第一刻起，就要尽快适应新的学习环境和学习特点，引导孩子重新自我定位，培养自立精神和能力，帮孩子确立高考目标，做好高中的学习规划。

1. 要让孩子主动与同学交往

交往要主动，不要等待其他人先来关心自己，更不能孤芳自赏。当其他人有困难时，应该尽自己的能力去帮助他人，在学习和生活上多关心他人，别忽视了朋友，这样，孩子在高中的学习生活中就会赢得友谊与快乐。

2. 培养孩子的自立能力

孩子需要成长，需要独立，需要面对问题，要给孩子创造“自我做主”的机会，这样他们才能摆脱对父母的依赖。

3. 积极向老师和同学提问题

要让孩子多与老师、同学交流，当天的问题当天解决，不要积累问题。“不懂就问”是求学之道，很多成绩优秀的学生都非常好问。不要因为刚到一个新的环境，与老师、同学不熟悉就觉得不好意思开口。与初中相比，高中课程科目多、难度大、综合性强，老师授课节奏加快，一堂课所授知识量往往是初中时的数倍，而且难度和深度都非初中时可比，这就使得很多学生都会在学期伊始出现暂时跟不上的现象。更为严重的是，由于新生对老师和同学都比较陌生，缺乏充分的交流，不会的问题往往被积累下来，久而久之，就会真的跟不上了，这也是部分中考成绩比较优秀的学生进入高中后学习成绩落后的一个重要原因。因此，一有问题最好去问老师、问同学，这对于增进师生情感和同学友谊，提高学业成绩至关重要。

4. 放平心态，制定目标

进入高中，新生首要的问题就是要摆正心态，不管自己身上曾经有多少光环荣誉，都要忘掉，踏踏实实投入新的高中学习中，这才是最为重要的。要勇于面对挫折，不要一两次考试成绩不好，就丧失信心，自暴自弃。高中生可以根据自己的能力、实力和学习要求，制定通过努力能达到的学习目标，这样，每完成一个目标，就会有一种成就感，从而增强自信心。

第二节　高中生的人际交往与指导

人际交往也称人际沟通，是指个体通过一定的语言、文字或肢体动作、表情等表达手段将某种信息传递给其他个体的过程，即人与人之间通过一定方式进行接触，从而在心理和行为上相互影响的过程。在交往的基础上形成的人与人之间的心理关系称为人际关系。人际交往能够促进深化自我认识，促进社会化进程，人际交往是实现人生价值的桥梁。

交往能力是在人发展过程中起着重要作用的一种能力。心理学家们对大量的成功人士进行调查后发现了一个成功定律，即一个人的成功 20% 是因为他的智力，80% 却是因为他的人际关系。放眼现实世界，我们确实可以感受到：成功的管理者或企业家无不和突出的交往能力连在一起。

交往作为人与人之间的互动，是生命世界的基本存在方式，是个体间形成群体并通向社会的桥梁和纽带。人际交往对于个体的成长成才有重要作用，高中生处于人生发展的关键阶段，能否处理好人际交往问题关系到他们的成长。

刚考上大学两个月的女孩杜琳不知什么原因非要退学，妈妈以为是孩子心理上有了什么问题，于是带着孩子找到心理医生，经过一番咨询后，发现导致杜琳想退学的主要原因是她在人际关系方面遇到了困难：同寝室的女同学一共 6 个人，杜琳过于自私、傲慢和过分显示自己等毛病，使得另外 5 个人对她十分反感，便联合起来孤立她，谁都不理她，弄得杜琳心里特别别扭，所以就想通过退学来逃离这个环境。经过心理医生的一番开导，杜琳打消了退学的念头。但是，回想起自己成长的道路，她多少有些埋怨自己的父母：为什么当初只重视自己的学习，而没有让自己学会与人交往？

这个故事对家长们可能会有一些启发，在关心孩子学习的同时，也应该重视其他方面素质的培养。交往能力的培养，更应该被摆在重要位置上，因为这是适应社会环境的基本素质。

人际交往是人类社会活动中不可缺少的组成部分，人的许多需要都是在人际交往中得到满足的。人际交往不顺利，就意味着心理需要被剥夺，或满足需要的愿望受挫折，因而会产生孤立无援或被社会抛弃的感觉；反之则会因有良好的人际关系而得到心理上的满足。

高中学生人际交往上的主要问题反映在以下四个方面：一是孩子与家长的沟通（亲子沟通）不够通畅，孩子与家长之间似乎无话可说，沟通也是象征性的。二是师生之间的关系不够和谐，孩子有问题不愿意跟老师交流，对老师存在偏见，与老师保持了一定距离。三是同学关系难以做到融洽，时常会有矛盾出现。四是与异性交往不够自然，羞怯、难为情。不论是哪一类人际交往出了问题，都容易导致孩子产生自卑、闭锁、防御、退缩、嫉妒、逆反、偏见等异常心理。

高中生人际交往存在问题的主要原因在家长身上：首先，许多家长对孩子的行为进行了过多干涉，限制孩子的交往。其次，一些家长放不下架子，处在高高在上的地位，没能做到与孩子平等交流。最后，有些家长认为学习高于一切，交往能力不用培养，孩子长大后会自然形成交往能力，从而导致孩子交往能力低下。

人际交往是高中生的“必修课”。人际交往可以有效促进高中生的社会化发展，直接影响着高中生的身心健康。高中阶段拥有较多朋友、与朋友保持稳定且较亲密友谊的孩子，成年后往往同伴交往比较顺利，且心理健康水平较高；而高中阶段缺乏朋友、被同伴排斥的孩子，成年后往往会产生同伴交往不良问题，甚至做出反社会的举动。良好的人际关系不仅有利于提高孩子的心理健康水平，而且对孩子的学习和人格发展也有着间接的促进作用。高中生正处在学校与社会的接口，处在交往能力发展的关键时期，其交往能力的培养与提高，对其今后的发展具有特殊意义。

教子有方小课堂

交往能力不是天生的，它有一个学习训练的过程。交往既是一门学问，又是一门艺术。提高孩子的交往能力，使孩子学会交往，既是现代社会对人才素质的客观要求，也是孩子自身得以顺利成长乃至成才的重要条件。在孩子的成长过程中，如果与人交往有障碍，必然引发消极的态度，影响学业的发展，甚至影响健全人格的形成。所以，家长必须提高孩子的交往能力，引导孩子处理好人际关系。

1. 引导孩子正确认识自我

首先，要引导孩子学会全面认识和了解自己。其次，要通过周围世界对自己的反馈来修正对自己的认识。最后，要正确评价自己，既不高估自己，也不低估自己。在发现自己、悦纳自己的基础上进行的人际交往才能更加平等。

2. 学会理解他人

除了正确认识自己之外，家长还需要培养孩子认识和理解他人的能力。在交往过程中，要仔细观察，用心体会，才能体察他人在交往过程中的想法和需要，才有助于形成良好的人际关系。

3. 要多和不同的同学沟通

每个人都是独特的，要让孩子相信每个人身上都有自己的优点，要善于发现别人的优点，汲取别人的长处，不断充实自己。培养自己多方面的兴趣、爱好，多结交朋友。

4. 引导孩子把握与异性交往的分寸

高中时代，异性同学交往仍然是一个颇为敏感和颇具争议的话题。孩子与异性交往时，家长要引导孩子做到：第一，在集体中广泛交往，与特定个体保持一定的距离，特别是心理距离。第二，异性交往最好选择在公共场合，异性同学在学习和活动过程中保持自然、大方和文雅，不过分严肃或轻薄。第三，把异性同学当成“同性朋友”相处，保持一颗平常心。

5. 制止孩子的不良交往不能简单粗暴

有一位家长，发现孩子交了坏朋友就把孩子捆起来狠狠整治了一顿。慑于威势，孩子当即认了错，立了誓。可不久家长发现孩子依然与那些坏朋友来往，激怒之下更凶狠地打了孩子，孩子离家出走了。自此以后，孩子完全被那些坏朋友拉了过去，最后走上了犯罪道路。

一般而言，孩子犯了错误，大多数是既悔恨又恐惧，这正是教育他们的时机。如果家长不由自主地采用一些简单粗暴、伤害感情的做法，非但达不到教育目的，反而会造成孩子的对立情绪，在错误的道路上越走越远。

6. 学习人际交往的技巧

人际交往的技巧要在交往中不断学习、改善。首先，要学会倾听，倾听是有效沟通的开始。其次，要学会换位思考，尤其是在面临冲突的时候。再次，要学会赞美，用积极、肯定、支持、建设性的眼光，看待周围的人们，善于发现并赞美别人的优点。最后，要学会幽默，幽默是智者的性情，能让人在轻松的感受之中领略哲理的启迪。幽默会冰释一切烦恼和愁闷，拉近交际双方的距离。

第三节　高中生学习与生活的有效调节

学习与生活并不矛盾。学习≠念书，因为学习的内容并不仅仅限于书本知识，还有许多本领是要在书本之外去学的。也就是说，学习不仅要读有字之书，还要读无字之书。其实，学习是一种生活方式：学习即生活，生活即学习。学以致用，知行合一，才是真正的学习！一句话，生活与学习水乳交融。热爱生活才能热爱学习，而学习就是为了使孩子一生都热爱生活。

母亲叙述　孩子今年18岁，在读高二，正在考托福，有出国留学的计划。孩子读的是国际学校，成绩很好，性格比较开朗，在校学生会任职。但是最近她感到读书有些吃力，学习压力过大，每天做作业到很晚，前几天甚至连中饭和晚饭都没有胃口吃。孩子平时睡眠不够，常常会出现睡眠障碍的情况，对自己也没有足够的信心，所以压力太大难以排解。我非常担心孩子的身体状况，听说孩子可能是心理状态出现问题导致的睡眠障碍，于是经孩子同意后带她到青少年心理咨询中心进行状态调整。

孩子从小是由父母带大的，父母感情不太和睦，经常吵架。在孩子小学二年级的时候，我们离婚了，由我带孩子。我对孩子的教育是很严厉的，对她的成绩有很高要求，孩子从小到大也在我的教育下取得了优异的成绩。但是我性子很急，总是忍不住因为一些小差错骂孩子，这让孩子的自信心有些受挫。

孩子自述　从上个学期开始就逐渐感到学习很累，成绩总追不上去，考试成绩很不理想，心里挺烦的。我从暑假就开始担心成绩，这学期刚开学没多久就又产生了力不从心的感觉，如果考试成绩不好，妈妈就会骂我。妈妈有时发火又是莫名其妙、毫无根据的，似乎在妈妈眼中我浑身都是缺点，什么都做不好。高中以来我明显感到自己的记性变差了，做事做得很慢，做完了还要反复检查，生怕自己做错，这样的强迫行为导致我做作业速度慢，考试做不完题。我非常痛苦，于是决定跟妈妈一起接受青少年心理咨询中心的状态调整。

青少年心理咨询专家在详细了解孩子的问题后，帮助孩子和妈妈进行详细分析，找出了问题背后的原因以及家长教育上存在的问题。根据孩子的情况制定了合适的调整方案，运用催眠技术放松了孩子紧绷的神经，缓解了过重的学习压力。经过几次心理咨询后，孩子的学习状态大大改善，记忆力提升后强迫行为便消失了，妈妈也不再对她急躁，咨询效果非常显著！

有关调查表明，在家长关心孩子的各种事情中，排在第一位的就是学习。特别是对高中生的家长来说，高考在即，许多人认为，学习成绩决定着孩子的前途，考试分数意味着孩子的命运。因此，对孩子的学习表现出极大的关注，因而会在无形中自觉不自觉地给孩子加压。许多家长的失误在于只给孩子加压，不给孩子减压。在孩子成长过程中，没有压力不行，压力太大也不行。怎样才是适中呢？就是让孩子觉得既有压力，又很轻松。有压力是因为有大目标要为之努力，轻松是因为奔向大目标没有强迫，更重要的是若实现不了大目标家长也不会埋怨。这就是加压和减压的辩证法。和成年人一样，适度的压力能使青少年的情绪处于兴奋状态，活跃思维能力，增强反应速度，这个时候压力是对人有促进作用的。俗话说，没有压力就没有动力。能够将孩子的压力变成动力的家长是高明的家长，而不给孩子减压或者不会减压的家长则是糊涂家长。事实证明：只有让孩子乐观地对待压力，才能更好地将压力变成动力。否则，会事与愿违。

教子有方小课堂

孩子的学习是家庭的头等大事。因为学习关系到孩子的未来和前途，也关系到家庭、国家和社会的发展。学习是一个孩子未来成功的起点，帮助孩子走向成功，就应该指导孩子把学习搞好。但是，要让孩子好好学习，却不能只抓学习，必须摆正学习与生活的关系。

1. 压力要适当

高中生在学习和生活中有点压力是正常的，完全没有心理压力的情况是不存在的，压力对于孩子自身来说不一定都是动力，家长和孩子要做的是如何驾驭它。对于高中生的压力，首先要弄清楚压力的来源。从家长方面来说，期望值一定要适中，不能过高，不要苛求孩子；从孩子的角度看，不要给自己增加过重的负担，要学会克服紧张心理，正确对待每次考试，保持轻松愉快的心情。

2. 要对知识进行查漏补缺

高中学习科目繁多复杂，需要指导孩子找到自己知识学习上的薄弱环节，及时采取有效的措施进行补充完善。

3. 调整学习方法和学习习惯

良好的学习习惯和科学的学习方法有助于提高学习成绩。要引导孩子找到适合自己的学习方法，有的人擅长默记，有的人擅长开口背诵记忆，要根据自己的情况选择学习方法。还要养成良好的学习习惯，巩固已有的好习惯，克服不良习惯，包括生活习惯。

4. 把握学习与生活的平衡

既要抓好学习，又要丰富课余生活。有了高尚的生活情趣，高中生的课外生活内容将大大丰富。参加班级书画展、棋类比赛、音乐欣赏会等活动都可以达到培养生活情趣的目的。

5. 坚持课外阅读

除了精读课本外，为了开阔视野，培养自学能力，还应进行广泛的课外阅读，这种阅读的主要意义在于扩大知识面，活跃思维，开阔视野。

6. 坚持有规律的作息

要养成有规律的生活习惯，劳逸结合，不要熬夜，也不要睡懒觉。一定要注意身体健康，少病少伤，坚持体育锻炼。

第四节　高中生的升学指导

在国外，升学指导已有几十年的发展历史，像美国、英国、加拿大、日本等国家及我国台湾地区都致力于升学指导工作，为高中生选报大学志愿提供了很好的指导，受到学生和学生家长的好评。

很多高中生都将考上大学作为自己的奋斗目标，但因为缺乏经验，这些学生和家长都会为高考填报志愿急得团团转。他们不知道自己适合学什么专业，干哪一行工作，不知道自己的潜能在哪里，不了解社会需要什么样的人才，不知道自己怎么做才能更好地成才。因此，要在这人生分工的十字路口找准自己的发展方向，解决填报志愿中所遇到的难题，我们需要了解自我，了解社会，才能做出明智的选择。

望子成龙、望女成凤是为人父母的共同愿望。在当今社会，从家长到孩子，都把考大学作为改变人生命运的重要途径，但并非每个人都能如愿以偿。能否考上大学，取决于多种因素的综合作用，其中有主观原因也有客观原因，有个人原因也有社会原因，家长用正确的方法教育和指导孩子，对其升学有着不可忽视的积极影响。

王女士的儿子今年要参加高考了，全家人都特别关注，作为母亲的她更是紧张得不得了，为了全身心地投入孩子复习的后勤工作中，王女士几乎取消了自己的所有活动，不仅力求做到生活照顾方面无微不至，而且到处打听学习辅导方面的相关信息。如果孩子的状态不错，她会异常兴奋，做什么事情都很有劲头；但如果出现孩子考不好或学习成绩下降的情况，她就开始着急上火，焦虑万分。因此，她经常会有一种透不过气来的感觉，还动不动就发脾气。王女士也知道自己这种表现很不好，不仅对问题的解决没有实质性帮助，而且会给孩子增添更大的压力，但她总控制不了自己的情绪，为此她很是苦恼，不知道该怎么办。

高中是人生的重要驿站，每个学生都将面临着升学或就业的选择与考验，正确指导孩子的升学或就业，具有十分重要的实践意义。面对孩子的高考，家长首先需要做的是对自己有个清晰的定位，在面对高考这一问题上，要时刻牢记自己只是高考的助跑者，而非运动员本身。所以家长应该只是起到辅助作用，不要喧宾夺主，不要焦虑，更不要将自己的焦虑表现出来，避免加重孩子的焦虑感。

权威机构对我国普通高校在校生的调查显示，相当一部分在校大学生对自己所学的专业并不满意，致使在学习过程中产生厌学情绪，从而学习成绩欠佳。更有甚者，有些学生由于学习成绩跟不上不得不留级或中途退学，书没有读好，身体垮了，精神也不振作了。如广西某高校每年退学的人数就有 100 人左右。学生对自己所学专业不满意的根源在于他们填报志愿时，盲目地认为只有分数才是唯一的标准，只要能考上更好的学校，专业是什么并不重要，感不感兴趣、自己的能力倾向与专业的需求是否匹配都无所谓。因而造成有的考生考上自己选择的专业，学了半年后发现自己根本就不喜欢这个专业，与自己原来的想象相去甚远，怎么也投入不了；或者这时才发现，这个专业的学习不能发挥自己的优势。升学指导可为你指明发展的方向，协助你更好地解决高考填报志愿中所遇到的难题。

有些学生填报志愿时存在攀高心理，一味地追求名校和热门专业，而很少考虑学生自我的个性特点。随着经济体制改革的深入，生产资料所有制形式多样化，必然引起用人制度的变革，品德、知识、能力兼备，有激情、有活力的复合型人才成为用人单位选才目标。如果我们填报志愿时不考虑自己的兴趣和特长，不考虑社会的需求形势，就业后就难以有所作为。既埋没了自身在其他专业上的潜在才华，也导致社会总体人力资源的浪费，造成个人的损失。

一般来说，每一个年级学生所面临的规划重点不同，如：高一学生主要是学会规划高中三年的学习生活，明晰各阶段的目标；高二学生主要面临分科或选科问题，主要应帮助他们认清自己的兴趣、能力，其在综合考虑后自主选择学科；高三的辅导则与志愿填报，选择大学、专业等升学指导紧密结合。

在中国，高考意味着学生第一次为自己的人生做选择，从一定程度上，什么样的大学决定了学子将来在社会上奋斗的软实力。在千军万马过独木桥的时刻，如何合理选择适合学生的升学路径，将学生的特长与成绩相结合，实现低分高就上名校，是每一位高中生家长必须重点关注的大事。

最好的升学指导需要学生、家长和老师以及升学指导顾问的协作。

教子有方小课堂

高中毕业是孩子人生的转折点，是对孩子各方面素质的大检阅。高考是大多数高中毕业生的选择，对于孩子来说，这是一次机遇——进入大学，继续深造；对于高中生的父母来说，这也是一次考验。那么，做父母的面对孩子高考该做些什么呢？

1. 以一颗平常心指导孩子高考

在高考前，很多父母的精神压力、心理负担和紧张程度甚至比孩子更大，这种表现对参加高考的孩子来说是有百害而无一利，其结果往往与父母的愿望背道而驰，所以，建议家长在孩子高考前应保持一颗平常心，要把非常时期营造成平常时期，同时，也要引导孩子以一颗平常心参加高考。

2. 以科学的态度帮助孩子做好高考前的准备工作

父母在高考前要以正确的态度和方式帮助孩子做好各项准备工作，为孩子参加高考做好物质、精神和心理准备，让孩子充满信心，保持良好的情绪状态。

3. 以“闺蜜”的身份与孩子沟通

家长从“闺蜜”的身份出发，跟孩子沟通交流，能够让自己成为孩子愿意分享、可以倾诉的对象，给孩子提供很多心理上的支持和抚慰，孩子需要家长的帮助和支持时，家长可以适当指点，但不要总是指指点点。这样，孩子和家长之间的关系会更为融洽，所谓的“代沟”也会渐渐弥合。

4. 引导孩子冷静看待热门专业

填报志愿，要了解高考招生政策、高校专业信息的最新变化。面对新设专业和热门专业，不要赶时髦，考生要注重自我分析，审视自己是否真正喜爱这个专业，并思考自身优势、潜力是否与该专业发展方向相契合。不要把专业的新与旧、热与冷作为选专业的首要判断标准。实际上，热门专业往往是根据社会需求的变化而变化的，今天热不等于明天热。所以，不顾自己的兴趣爱好和能力特长而一味地追求热门专业是不明智的。

5. 留给孩子一定的私人空间

家长不要把高中生还当作小孩子来看待，有些事情应交给他们自己做主，以培养他们的独立人格。要给孩子的学习、生活、精神松绑，让孩子有机会独处，有机会自己安排自己的时间和空间，这对于人的成长非常重要。家长出于关心和帮助的角度去排挤或占据孩子的私人空间，往往会一次次地剥夺他们真正成长的机会。

6. 关心孩子要适度

对于孩子来说，家长适度的关心是一种默默的支持，会让孩子觉得温馨且备受鼓舞，但过度的关心会干扰到孩子的学习及心态，如频繁地询问孩子的学习成绩，殷勤地端茶倒水、送点心，会让孩子因不适应而烦躁。孩子进入高三，家长可以适当减少外出，多些规律的生活，保持自然宽松的家庭氛围。家长要对自己的孩子有信心，相信他们有一定解决问题的能力，没必要事事过问，否则会引起孩子的反感，加重他们的心理负担。

7. 用理性的态度合理调整孩子升学的期望值

合理调整孩子升学的期望值，有利于保护孩子的自尊心，激发其斗志，让他们感到目标可达到，希望在眼前。作为一个称职的家长，应该掌握自己孩子的实际水平，在和孩子沟通时尊重孩子的意见，不施加过多的压力和阻力。

8. 以平和的心态对待孩子的高考结果

高考成绩的公布，对孩子和父母都是一种考验，但不管孩子的成绩如何，希望父母都以积极的心态对待这个已无法更改的结果。孩子的高考成绩好，父母在高兴祝贺的同时，别忘了提醒孩子再接再厉；如果孩子高考成绩不理想，父母更应该表现出冷静积极的心态，因为这时的孩子害怕埋怨，特别需要父母的关心和理解、指导和帮助。

9. 帮助孩子走出高考落榜阴影

有些孩子把高考看得太重，一旦落榜，很长时间都沉浸在落榜的阴影中走不出来，甚至有些极端的人还会轻生。面对这种人生挫折，家长要引导孩子学会勇于承担，接受现实，同时要让孩子懂得正确的自我心理暗示，走出心理误区。家长要主动安慰孩子，引导孩子不要太在意他人议论，可以和朋友、同学聚聚，可以采用适当的方式进行宣泄，还可以外出旅游，参加体育、文娱活动等来转移注意力。最重要的是重新规划人生。有个男孩子高考落榜了，得知落榜消息的当天晚上，父亲与孩子睡在一起，和孩子做了一次长谈，谈话的内容是：父亲把自己前半生的经历详详细细地向孩子说了一遍，并且将自己生活中的酸甜苦辣——成功的喜悦、失败的苦涩都讲了出来，也就是说，父亲并没有谈一句涉及落榜的话语，只是在睡觉前说了句意味深长的话："孩子，没有什么了不起的，安心地睡吧，今天不是世界末日，明天早上的太阳还是新的，你的生活才刚刚开始。"以此为起点，父母连续安排了一系列的活动：利用假期到长城去旅游，让孩子体会一下"不到长城非好汉"的意境；领孩子到经济开发区转了一圈，体验一下社会发展的气息和氛围；带孩子到书店待了半天，让孩子在书的海洋里自己去领悟一些平时紧张的学习生活中无法领悟的东西，并鼓励孩子挑选几本自己喜爱的书。这几个活动结束后，才让孩子谈出他对落榜的看法，再谈出他参加这几天活动的体会和感受，谈出他今后的打算和对父母有何要求。在孩子谈心里话的过程中，父母主要是听，偶尔在有些地方插上几句话或添加一点评论，在这些插话和评论中，把自己的看法、意见和建议表达出来。结果，孩子在落榜后不但没有较大的情绪波动和自卑、失望，反而在父母的教育引导下，把落榜当作人生旅途中的一次磨炼，在这次失利后，又扬起了自信的风帆，开始了新的征程，经过一年的自学，第二年，他终于如愿以偿，考上了一所重点大学。当他回忆落榜后父母的做法和良苦用心时，满怀深情地说："是父母拨去了我眼前的乌云，搬去了我心中的重石，升起了我希望的风帆，我永远感谢他们。"这个故事说明，父母在孩子面临人生转折的关键时刻实施给力的家庭教育是多么重要！其教育方式方法对于高中生特别是落榜生的家长也具有很大的启迪和借鉴作用。

第五节　正确指导高中生就业

心理学的研究表明，15~18 岁年龄段的高中生，正处于成人前期。他们的认知能力有了显著发展，情感丰富但不稳定，个性倾向比较明显，自我意识发展较快，自制力和独创性较强。他们的世界观已初步形成，这个阶段的学生已经开始认真地考虑自己的前途，对未来和职业充满憧憬，有相当的判断和决策能力。但同时，高中生对某种职业的能力要求和具体工作内容并不了解，对于自己到底适合什么职业也不是很明确。对未来的设想有时不切实际、主观片面，也容易受到各种偏见的影响。这个年龄段高中生的特点正如金斯伯格所分析的：职业选择由空想转变为现实的尝试阶段。因此，需要根据高中生的生理、心理特点，对这一阶段学生面临的各种问题给予必要的关注，对他们的职业、就业等问题，给予有针对性的指导和帮助。

就业是民生之本，升学指导是就业指导的重要组成部分。职业生涯从升学指导开始，要选择适合自己的工作，先选择适合自己的专业，如果你选择的志愿和专业方向与自己的兴趣爱好和潜能以及社会发展对人才的需求相吻合，那么你的职业生涯可以说是有了一个良好的开端，而良好的开端是成功的一半。否则，你在职业生涯问题上有可能走弯路，可能改行，在时间、青春、经济等方面可能会付出沉重的代价。

就业是人生的转折点，是成人的重要标志。经过三年的高中生活，部分学生如愿以偿地升入大学，还有部分落榜学生只能选择就业。就业既是学生自己的事，也是社会和家长的事，正确指导高中生就业，有利于他们的健康成长和发展。

一个高中毕业生的求职历险经历——小 A 的自述　我高中毕业后就匆匆步入社会，没要过家里一分钱。7 年的职业生涯中，我前后换了 12 份工作，待过 3 个城市。其中的辛酸、孤独和迷茫根本无法用数字统计。我做过饭店收银员、超市收银员、工厂作业员、推销员、图文店包装工、文员、业务助理、股票操盘手、文化公司主持人、销售、前台、代课辅导员、内容运营等。

我的工作换得很频繁，要么是主动换工作，要么就是因为能力不够，刚过试用期就被劝退。不喜欢的工作自己看不上，喜欢的人家看不上我，就这样步入了死循环。可笑的是自己光想着要好工作，却不晓得怎么提高自己的竞争力。

没学历没能力，人家单位又不是傻子，为什么用我？在一次次求职过程中，我不断试错，也不断被拒绝。慢慢地才知道要研究用人单位的招聘要求，对照自己还欠缺的技能，然后恶补。那时候一天4个小时泡在网吧里，不断地搜索Word、Excel、PPT等办公技能知识点。记了厚厚的一本笔记，没事的时候就跑去网吧练习。

后来在面试的时候，再也没有因为技能欠缺而被拒了。也是从这个时候开始了朝九晚五的工作。因为有过失业时举步维艰的生活，所以我特别缺乏安全感。工作上很卖力，特别珍惜这个自己喜欢又来之不易的工作，不敢有一丝懈怠。领导开始慢慢放权，让我尝试去做更多的事情，后来就做到了总助。

懂得珍惜并为之努力，让我得到了第一份尊重。思来想去，还是想尝试更多的挑战。我想辞职换工作的时候，再次因为学历犯了难。求职又一次遭遇危机，是继续留下来做没有晋升空间的总助，还是辞职换个自己更喜欢的工作？换吧。在招聘网站上筛选了一些没有学历要求的公司，从中找出几个自己感兴趣的方向，开始海投简历。距离不是问题，工资不要太低就行，这是当时给自己的心理预期。面试了一堆公司以后，去了一家不算太远的微型互联网公司做前台。为什么做前台行政人事？因为要求低。好在自己长得不丑，办公技能也还行，先解决温饱问题再看发展吧。

善于观察、乐于学习是我的优点，直至今日我依然感谢自己的这两个优点。做前台行政期间，招聘也由我负责。稍空闲的时候我就在观察公司的各个岗位，跟用人部门的领导沟通招聘需求。统计的时候发现很多岗位我也可以做，诸如策划、内容编辑等。在公司设置的岗位人员遍寻无果时，我就申请了顶替空缺的内容编辑一职。也正是因为这次尝试，我发现了自己真正感兴趣的方向。新工作如鱼得水一般，写的文案几乎都是一遍过。很快我就在内容编辑这一职位上转正了。公司缺人的时候，又顶替了策划、顶替了用户运营。慢慢地，职业技能越来越全面。其间又学会了视频制作，摸清了全站运营。

发现喜欢并为之钻研，是我得到提升的不二法宝。没有学历永远是遗憾，有所痛才有所行动，我义无反顾地报了自考。于是日常休息的时候几乎都在学习。整整三年，完成了高中到本科的蜕变。感谢自己的坚持，也感谢所有的挫折。都说量变引起质变，我深以为然。所有看似的幸运背后都是点点滴滴的努力。现阶段还在从事自己擅长的工作，月收入是三年前的两倍稍多一些。自己有时间有精力去发展自己的爱好，比如拳击，比如漫画。虽然工薪不高，但是也比我打工时多赚很多了。如果不是因为自己的不甘心，没有努力和坚持的话，我想我现在还在端盘子吧。

说了那么多，最后我想告诉迷茫中的你们，努力和坚持总会给你想要的。如果你决定要自考，那么请你坚持下去。如果你做到了，那么你一定会看到一个不一样的世界。选择跟努力一样重要，时刻保持一颗学习的心。当你真心渴望某样东西时，整个宇宙都会来帮助你。

这个故事告诉我们，坚持不懈和持续学习是非常重要的。只有不断努力，才能在竞争激烈的就业市场中脱颖而出。

在中国，就业难已经是一个社会性的大问题！不只是高中生就业难，就连大学生也存在“毕业即失业”的问题；找工作难，找一份自己喜欢的工作更难！

就业难是一个国民性的话题，就业形势严峻，工作不好找、不易找、找不好已经成为一个常态化的现象。

就业难的原因是多方面的，从就业者个人来看，有的人学历低，学历问题始终是高中生就业抬不起头的主要原因；有的人就业观念存在偏差，对工作岗位目标期望值太高；有的人眼高手低，社会经验少，说起来侃侃而谈，一旦做起来就傻眼了；有的人不愿到基层工作，使一些地方人才短缺，形成“用工荒”与“就业难”的矛盾；有的人高不成低不就，大钱挣不来，小钱又不爱挣；有的人缺少就业技能，技术活干不了，体力活又不爱干……凡此种种，造成了高中生和大学生就业难的局面。

高中生要想就业好，可以参加成人高考，考一个高等教育的毕业文凭，解决学历低的问题；或者上职业学校，学一门专业技术。要改变职业学校不如本科院校的观念。

教子有方小课堂

高考不是人生的句号。高考之后，学生将面临升学还是落榜的现实，无论成功还是失败，都需要清醒地面对人生道路上一个新的开始，需要老师和家长加以正确的引导，使其保持积极向上的精神状态。

1. 指导孩子树立正确的就业观

传统的就业观认为，就业的标志是劳动者必须在某一固定的岗位上工作。高中生应该顺应时代潮流，重新审视各种职业在经济和社会发展中的地位和作用，作为就业新军，应该树立正确的就业观。（1）树立能上能下的就业观；（2）树立先就业后择业、流动就业的思想，打破一步到位、从一而终的旧的就业观；（3）树立创造性就业的思想；（4）树立竞争就业的思想。

2. 帮助孩子纠正择业心理偏差

就业者在择业过程中的心理偏差主要有如下几种：（1）期望值过高；（2）犹豫观望，举棋不定；（3）过于自信，盲目乐观；（4）互相攀比，盲目从众；（5）缺乏主见，依赖他人；（6）遭遇挫折时怨天尤人。

为了提高心理健康水平，保证求职择业的顺利进行和日后更好地适应社会，家长要帮助孩子积极调整心态，克服心理偏差乃至心理障碍：（1）正视现实，适应社会；（2）敢于竞争，开拓进取；（3）不怕挫折，总结经验；（4）放眼未来，从长计议。

3. 学习一技之长

如果孩子高中毕业就选择就业，那其面对的压力会很大，孩子需要有一技之长才能在社会上立足。如果高考落榜不打算复读，就必须有技能，否则就可能从事繁重的体力工作。学什么技能，要结合自己的情况、兴趣爱好、就业前景等因素综合考虑。

4. 鼓励孩子努力实现人生价值

鼓励是孩子走向人生成功最大的动力。自我价值是人们生活在世界上并具有生活动机的基础。对于孩子来说，这是成长的动力。因此，鼓励孩子建立价值感是十分必要的。家长要鼓励孩子树立远大理想，立志成才，帮助孩子勾画一幅事业成功的蓝图，并且要求孩子立足本职岗位，脚踏实地去努力学习和实践，走阳光人生之路。要敬业爱岗，艰苦创业；要更新知识，勇于实践；要开拓创新，拼搏进取。

第六节　高中生的人生规划

人生规划就是一个人根据社会发展的需要和个人发展的志向，对自己未来的发展道路做出一种预先的策划和设计。人生规划是指一个人结合自身实际情况，根据眼前的机遇和制约因素，积极主动地确立自己的事业发展方向、奋斗目标，然后为达到这一目标而确定行动时间和行动方案。

国家的发展有计划，一个人的成长也需要有人生规划，但不同的人其人生目标是不一样的。人生规划包括：（1）个人自身规划；（2）健康规划；（3）事业规划；（4）情感规划；（5）晚景规划。

人生规划可以帮助高中生在规划人生的同时更理性地思考自己的未来，初步尝试性地选择未来适合自己从事的职业，并从学生时代开始培养自己适应未来职业需要的综合能力和综合素质。同时，人生规划可以帮助高中生确定人生目标，选择行动的措施，增强责任感，增强学习的动力。

人生好比长跑，有的人虽然赢在起跑线上，却输在终点；有的人虽然输在起跑线上，却赢在终点；有的人既赢在起跑线上，也赢在终点；也有的人半途而废，没有闯过困难期；还有的人摔了跟头。事实证明，光有长跑的愿望不行，必须有训练计划。若无计划盲目训练，想跑就跑，那非把人跑休克不可。可见，计划的有无和训练方法科学与否，对结果有着极大的关系。

通过生涯规划，学生一方面可以更好地认识社会，了解自己想从事的职业特点，了解这个职业的要求，认清社会发展和行业前景，及时修正理想；另一方面，可以在社会实践中了解自己的不足，明确提升能力的方向。

小凡从小到大都没有做主选择过自己的学业与人生。小凡说，初中和高中是家长为他择校，高中文理分科是家长替他做主，大学所学专业也由家长说了算，如今面临择业，家长又是一边四处收集招聘信息，一边托关系联系实习单位。一路包办下来，小凡渐渐对别人看来颇为重要的职业选择、人生规划失去激情与兴趣。

小凡的经历有相当的典型性。其实，家长自始至终都没有考虑过孩子自己的兴趣与爱好，也没有站在孩子的角度考虑问题，一味包办的结果是培养了一个没有主见、缺乏独立性的人。

从父母角度说，对子女的生涯规划要有一个从管到放的过程。从子女方面看，自己是生涯规划的主人，别人的意见和建议可以参考，但不能代替自己的生涯规划。设计自己的未来人生不是父母的事，而是自己的事。父母不能总背着你走路，脚下的路必须自己走！

调查显示，我国高中生涯教育较为缺乏，只有 33% 的高中生接受过职业与就业的指导，而新高考改革方案带来的多元选择是综合性的，不是简单的学业匹配或者职业匹配，而是基于整个人的综合决策。因此，我国高中生涯规划教育的现状需要改变，高中生涯规划教育势在必行。

目前，高中生较少接受职业生涯规划教育，相当多的学生在面临职业生涯重要选择的时候认识不够，准备不足。高中生的职业生涯规划具有三个要素：一是知己，认识自己的能力、性格、兴趣、人格特质和价值观；二是知彼，了解社会及经济发展趋势、行业就业状况、未来就业机会；三是抉择与行动，要有做决定的技巧、勇气、毅力，有计划地采取行动，落实有效管理职业生涯规划事项。

一个职业目标与生活目标一致的人是幸福的，成功的人生需要正确规划。你今天站在哪里并不重要，你下一步迈向哪里却很重要。

教子有方小课堂

古语云，凡事预则立，不预则废。为孩子及早做好人生规划，并且不断修改、调整和完善，使家长和孩子逐渐明确努力方向，不仅可以更好地适应社会环境，还可以为将来做好准备，有利于调动孩子的积极性，促进孩子健康成长。

1. 家长要清楚孩子的主要人生目标是什么

主要人生目标，应该是一个人终生所追求的固定的目标，生活中其他的一切事情都围绕着它而存在。对于一些学生来说，主要人生目标的确立是一个自我发现的愉快过程，但对于另外一些学生来说，它也许是一个痛苦的过程。

2. 帮助孩子确立大目标不要急于求成

家长可以通过引导孩子阅读、讨论或参加趣味活动等方式，帮助孩子确立目标。家长和孩子都要切记，只要一个人还没有到安享晚年的时间，任何时候开始人生规划都不为晚。无论孩子是高一刚入校，还是高三即将结束高中生活，都是进行人生规划的好时机。

3. 暂时无法确立大目标时可先设计小目标

进入高中后如果孩子还没有确立人生大目标，那么，就先帮助孩子设计一个近期小目标，多个小目标的积累，容易帮助孩子小中见大，从中发现大目标。设计小目标主要是制订一个详细的个人学业发展计划，这个计划可以是三年的计划，也可以是一学期的计划。

4. 制定具体措施并采取行动

在形成了具体的短期目标或制定了大目标之后，家长就应该帮助孩子制定具体措施去达成目标。措施有了，最重要的就是行动，这是所有步骤中最艰难的一个，因为它要求家长和孩子必须停止设想而立即开始行动。要想实现人生的终极目标，有两方面的问题需要谨慎避免：一是懒惰；二是错误。

5. 制定人生规划要注意层次性

制定人生规划可以用“A、B、C、D”的方法，认清特别重要的终生目标：将来要成为一名数学家或成为一名小说家等。孩子可以根据他自己的爱好、兴趣和自身的实际能力在终生目标规划表上标明。例如，一位中学生是这样做他的规划的：A（第一位的目标），成为一名物理学家；B（第二位的目标），成为一名大学教授；C（第三位的目标），做一名电力工作者；D（第四位的目标），成为中学物理教师。

6. 适时修改和更新人生规划

人生目标的确定往往是基于特定的社会环境和条件的。环境和条件总在变化，确定了目标也应该做出修改和更新，家长和孩子不但要制定人生目标，更要根据社会的发展和时代的需要不断修改和完善人生规划。

第五章　家庭媒介素养教育

在当代社会，一般而言，媒介指书籍、报刊、无线电、电视和国际互联网等，它们都是人们向大众传播消息或影响大众意见的传播工具，都是传播信息的媒介。利用媒介，人们不仅可以实现资源共享，还可以交换资料、保持联系、进行娱乐等。很多人的生活和工作已经和媒介密不可分了。特别是网络的出现，它使单一的、分散的计算机有机地连成一个系统。网络如同浩瀚的海洋，涉世未深的孩子们，有可能在这片大海中发现宝藏，也有可能因为泳技不佳而溺水，或在茫茫海面上迷失方向。网络可以用来无聊地消耗生命，也可以用来成功地经营生命。网络的利和弊只在一念之差，我们要运用智慧让其“真善美”的这一面闪闪发光，大派用场，而让其“假恶丑”的那一面钝化乃至被抹平。如此，将会使孩子受益终身。所以，作为家长，一定要与孩子一起，共同提高媒介素养。

第一节　携手走进网络时代

网络技术的普及给社会主义精神文明建设带来了新的机遇和挑战。创建网络精神文明，是社会主义精神文明建设在网络时代的一个重要方面，而且必将成为新时代精神文明创建工作的主要任务，是引领社会主义精神文明建设的主渠道。开创网络精神文明建设的新时代，要着力宣传社会主义核心价值体系，增强社会主义精神文明的吸引力和凝聚力。开创网络精神文明建设的新时代，要形成积极、向上、和谐的网络文化环境，为网民特别是青少年提供一个健康、清新的网络精神家园。

当今时代，网络发展迅速，我们的生活因互联网而更加丰富多样，世界也因互联网而更加绚丽多彩。但同时，互联网也会带来一些问题，可以说，网络一半是天使，一半是魔鬼。因此，家长要正确利用网络，把网络变成天使，不要将网络妖魔化，要和孩子一起学习，携手走进网络时代。

一位父亲带着孩子参加一个聚会，里面有七八个孩子。一群大人忙着聊天时，他回头一看，孩子们齐刷刷地坐在沙发上玩手机，他们熟练地刷着短视频，玩着各种小游戏，一集一集地追着动画片，甚至还会逛网上商城，选择自己喜欢的玩具。这位父亲曾经试着跟几个孩子沟通，问他们为什么喜欢玩手机，孩子们的回答是：

“我爸妈也天天玩手机呀！”

“你们大人都不陪我们玩，只顾忙自己的，我们不玩手机干什么？”

“手机是爸爸给我的，每次我一让他陪我玩，他就嫌烦，给我手机！”

听了孩子们的回答，做父母的作何感想呢？可以说，爱玩手机的孩子背后，必定有一对爱玩手机的父母。

有的父母工作太忙了，下了班还要洗衣、做饭、忙家务，根本没时间陪孩子玩。孩子闹着要陪，索性给他一部手机，整个世界瞬间安静了下来。

正是这样的坏习惯，害了我们的孩子。

为什么孩子好动爱玩呢？孩子们究竟图什么呢？总结一下原因，不外乎这么几点：

一是玩耍能够减轻压力。孩子在自由玩耍或者做游戏时，心无旁骛，全身放松，无忧无虑，忘乎所以，没有了父母的命令和唠叨，也没有课业负担的烦恼，有的只是快乐。无数研究表明，玩耍有益于身心健康，经常玩耍能够帮助孩子更好地缓解压力。

二是网络游戏能满足孩子的一些心理需求。首先是成就感。游戏在升级设计上往往都是分阶段、设置关卡，进度都是先易后难，而且在最初的几级升级都特别容易，除此之外，升级后还会有各种装备奖励。孩子们在玩游戏时，每解锁一个新关卡时，内心的声音是：我真厉害，又前进了一步。这种感觉就叫成就感。其次是自尊感。游戏的设计，对于失败没有指责、批评和比较，给予的反而是更多的鼓励，甚至为了让你玩得更好还会再给装备奖励。最后是归属感。在玩团队游戏的时候，玩家有共同的目标，有共同的语言，然后分工合作，紧密配合，一起去迎接挑战和困难，不管最终输赢如何，在这个过程中，无疑是把他们凝聚到了一起，孩子在里面会有存在感，有价值感，也有归属感。

三是容易建立自信。游戏能够让孩子一开始就找到信心。在游戏中孩子感觉自己无所不能，感觉自己能做很多事情，孩子的好奇心不允许他们停止探索，所以就越陷越深。

四是提高交往能力。角色游戏可以帮助孩子在体验成人的生活经验中认识社会，而且可以促进相互交往。通过游戏中的角色定位，孩子可以了解和明晰自己与同伴的关系，提高孩子的人际交往能力。角色游戏对促进孩子社会交往能力的发展具有特殊的功能。

五是感到孤独寂寞。小孩子是最需要陪伴的，因为缺少父母、伙伴的陪伴，他们实在是太过于孤单和无聊，所以才会把更多的心思放在玩耍手机或者其他事情上。

六是效仿大人。有的父母工作并不忙，但是喜欢追剧、玩游戏。下班回到家，抱着手机往沙发上一躺，孩子没人陪，只好跟着一起玩手机。久而久之，孩子也发现了手机里的精彩世界，染上了手机瘾。

想让孩子戒掉手机瘾，父母必须以身作则。父母在孩子面前不能玩手机，要拿出时间和精力多陪伴孩子。要想孩子放下手机，父母的陪伴是必不可少的。好的父母不会一味地让自己和孩子用手机来打发时间，而是带孩子更多地参加亲子活动，或者是在节假日出游，不仅锻炼孩子的体能，还增长孩子的见识、密切亲子关系。

在现实生活中，特别是在家庭教育和学校教育中，回头想想，孩子有多少机会能够体验到存在感、自尊感、成就感、归属感？孩子对学习根本不像对游戏那样感兴趣，更不容易像打游戏一样取得成功，因而也就很难得到父母的表扬和奖赏，不但得不到鼓励，往往还要受到批评和指责。相比之下，孩子厌学、喜欢游戏也就可以理解，但这需要家长进行深刻反思！

教子有方小课堂

对于网络，拒绝不可取，迷恋更要不得！有市场调研结果表明，学生使用手机，往往会陷入无节制的上网、游戏和聊天等应用中，除了不良网站的影响以外，一些网络游戏也容易导致学生沉迷其中，甚至花费许多金钱购买游戏道具。学生使用手机的这些问题，已经成为新的社会热点矛盾。网络游戏并不是不能玩，而是要适度地玩，要有选择地玩。玩游戏要把它作为一种休闲娱乐，不要沉溺于游戏中，不要玩暴力游戏等，否则，游戏就如电子海洛因一样，会使人越来越难控制好自己，越陷越深，最终难以自拔。所以，在家庭教育中，家长要引导孩子文明上网，保护自己，谨防网络伸出的“黑手”。家长要教育孩子做到以下几点：

1. 没有经过父母同意，不要轻易把自己的姓名、住址、电话号码等真实信息通过网络告诉别人。

2. 如果要与网友见面，必须经由父母同意和护送，或与可信任的同学、朋友，最好是自己的长辈结伴而行。

3. 在聊天室中，如果发现有人发表不正确的言论，应立刻离开，自己也不要散布不正确的言论，或攻击别人。

4. 不要在聊天中散布对别人有攻击性的话语，也不能传播或转发他人发布的违反中学生行为规范甚至触犯法律的内容，网上网下都得做守法的小公民。

5. 学会利用网络进行科学研究，学会利用网络发展自己，充分利用网络资源提高学习效果、综合素质。

6. 如果你有多个电子信箱，尽可能设置不同的密码。如果收到垃圾邮件，应立刻删除。

7. 遵守校规校纪，养成健康的学习、生活规律，不到校外网吧上网，杜绝通宵上网。适当控制上网时间，一般每次不要超过 1 小时，每天不要超过 3 小时。

8. 不要登录内容不健康的网站，即使不小心登录了，应立刻离开。

9. 如果遇到网上有人刻意伤害你，应当立刻告诉家长或老师。

10. 要培养其他的兴趣爱好，丰富课余生活。课余时间多参加体育、文化娱乐或交际活动，这样不仅能充实生活，而且能提高自己处理现实问题的能力，从而避免依赖于虚拟的网络世界的问题。

第二节　认识大众传媒

大众传播媒介是向大众传送信息或娱乐节目的各种现代传播形式的总称。大众传播媒介传播信息具有速度快、范围广、影响大等特点。大众传播媒介具有五项功能，即宣传功能、新闻传播功能、舆论监督功能、实用功能和文化积累功能。大众传播媒介主要分为两大类：印刷类和电子类。

进入近代社会以来，人与人之间的联系变得越来越密切，社会化程度大大加深，需要有一种大众化、传播速度快、传播范围广的媒介作为人与人之间进行信息沟通的渠道，人类社会的传媒手段应运而生，报纸、影视、广播，这三种大众传播媒体的依次出现，使人们的生活方式发生了巨大的变化。互联网同报纸、广播和电视三大媒介一样，具有传播信息的功能，所以被称为“第四媒介”，即“网络媒介”。

每个时代都有自己的特征，有属于自己的一代新人。我国有关部门对全国城市青少年的抽样调查显示，现在的孩子是伴随着大众传播媒介长大的。大众传播媒介已成为当今孩子成长的重要社会环境之一，对孩子的社会性发展产生了巨大的影响——既有积极的影响，也有消极的影响。

男孩小强因沉迷于黄色网站和黄色小说，竟有了收集女性丝袜的爱好。小强学习成绩很好，还十分喜欢看小说。这学期开学后，小强的妈妈王女士发现孩子放学后常常躲在房间里不愿意出来。

有一次，王女士推开孩子房门后发现小强正慌忙将一本漫画藏在身后。第二天，王女士检查小强的书桌抽屉时看到了一本漫画，但是里面的内容十分淫秽。王女士就把小强狠狠地骂了一通。此后，王女士还发现小强常常在网上浏览黄色网站。后来，王女士发现小强总是精神恍惚，回到家也不愿意说话，常把自己关在屋子里。小强的老师也反映他上课爱溜号，成绩直线下降。

前几天，王女士在给小强收拾床铺时发现，小强的枕头下竟放了几条女性的丝袜。王女士意识到孩子的心理出现了问题，就带着小强到医院求治。经过医生检查，小强患上了恋物癖。这是一种病态的不成熟的性心理变态症状，表现为经常反复地收集异性使用过的物品，并将此物品作为性兴奋与满足的唯一手段。

大众传媒的日益发展壮大，对孩子产生的影响越来越凸显，这已成为社会各界学者及家长、老师的共识。中国进入市场经济以后，电视、网络等大众传媒对孩子心理行为、生活方式都产生着深刻的影响。

从积极方面来说，其可以促进孩子的发展，启发孩子的学习兴趣，鼓励他们主动地学习。绘本、电视、网络会刺激孩子的感官而吸引孩子的注意力，开阔孩子的视野，丰富孩子的知识、经验，能够提高他们形象思维的能力，直接或间接地促进孩子思考，激发孩子的想象力。

从消极影响来看，如果孩子经常沉溺于黄色网站和黄色小说，就会受到多方面的不良影响：一是使人失去辨别能力，对现状认识不清；二是造成时间的浪费，影响孩子的学习；三是影响孩子身体健康，伤害视力；四是会给孩子的精神一种虚幻的满足；五是容易引发犯罪。

教子有方小课堂

家长要与孩子一起正确认识和对待大众传媒，避免负面的影响，要引导孩子既能利用传媒了解最新社会动态、增长知识，又能自主筛选有效信息，增强自我保护能力，远离不良信息的侵扰。

1. 在家庭中应当注重大众传媒的使用

在与孩子共同享用大众传媒时，应选取有利于孩子成长的内容进行观看，如科普知识、竞技赛场、新闻事件、文化艺术作品等。

2. 加强对孩子的教育关爱

中学生过分依赖某些媒体可能会引起生理或心理上的不健康状况。如果孩子过分依赖媒介，对问题的思考就会产生懒惰情绪，对网络资料的查询就相应会产生过多的依赖。这样既耽误了孩子吸收课本知识的时间，又减弱了大脑的思维能力及动手操作能力。因此，家长要关心孩子，经常沟通，满足孩子合理的精神需要。

3. 指导孩子对传媒传播信息的鉴别和选择

指导孩子应选取知名网站去查寻新闻、资料。在阅读刊物、观看电视时应选取那些能够拓宽自己知识面的东西去看，而不是浏览黄色网站或者收集一些花边新闻，这些内容不仅耽误时间，而且对他们的成长起不到好的作用，切记一定要正确对待媒介所传递的文化信息。

4. 家长对孩子给予恰当的管束

家长可以在孩子的课余时间安排一些能提高艺术修养的培训班，一方面充实了休闲时间，另一方面也加强了对孩子的艺术教育。家长应严格控制孩子在家看电视或上网的时间，并对他们接触的媒介进行正确引导。

第三节　正确对待网络游戏

网络游戏，又称在线游戏，简称网游，指以互联网为传输媒介，以游戏运营商服务器和用户计算机为处理终端，以游戏客户端软件为信息交互窗口的，旨在实现娱乐、休闲、交流和取得虚拟成就的具有可持续性的个体性多人在线游戏。

由于电脑和互联网的普及，最近二三十年，兴起了网络游戏。因为有趣、生动，并且可以和其他网友互动，网络游戏很快赢得许多人的青睐，在全球范围内，有 10 亿以上的忠诚玩家。

电子游戏的设计本身会让玩游戏的人快速获得快乐的感觉或者成就感，这满足了人们一种基本的心理需求；从脑科学角度看，玩游戏和吃美食、看美景等行为一样，都可以让人感到开心甚至兴奋，从这个角度说，玩游戏具有积极意义。

正因为游戏有其正面意义，所以不能把网络或者游戏视为洪水猛兽，有些人称网络游戏为“电子鸦片”，这太极端了。网络游戏的问题是，对孩子而言，由于孩子的自控力不强，玩游戏时如果得不到合理引导，很容易沉迷甚至成瘾，那样会出现学习障碍等负面影响。

小郑同学过去从没接触过网络游戏，后来，在同学的影响下，他第一次接触，就迷上了网络游戏，并且不能自拔。

有一天，小郑又瞒着父母偷偷去了网吧，被父母知道后，他吓得心惊胆战，生怕被父亲责罚。令他没有想到的是，父母并没有打骂他，吃过晚饭，父亲还主动提出要和他一起玩网络游戏。更令他惊讶的是，父亲的网络游戏技术比自己还要好，父亲说，他也非常喜欢玩这款网络游戏。

就这样，以后每当小郑做完作业，或者考试考得好时，父亲都会和他玩网络游戏，两人成了无话不谈的好“战友”。小郑再也没去过网吧，因为他觉得网吧里乌烟瘴气的，既不安全，又浪费钱。在家里玩网络游戏，自己不懂的还可以向父亲请教呢。

一个星期六晚上，小郑想要父亲陪自己一起玩游戏时，父亲告诉他自己有一项重要事情要做，非完成不可。小郑只好一个人在书房里打游戏。一直是两个人玩游戏，突然变成一个人玩，小郑觉得一点儿意思都没有，只好去自己房间继续学习。作业完成后，父亲也忙完了，两个人再一起玩网络游戏，小郑觉得心情特别好。

久而久之，小郑养成了做完作业才玩游戏的好习惯。有时候作业多，没时间玩了，他也干脆不想了，觉得不玩也无所谓。

父母和孩子一起玩网络游戏，当然可以这样一直玩下去，但家长懂得什么时候“见好就收”，才真正体现了家教艺术。这位父亲的做法十分明智，既让孩子放松了身心，玩了他喜欢的网络游戏，又掌握了主动权，不让孩子沉迷网络游戏，而无心学习。利用网络游戏也能起到良好的教育效果，这种做法值得家长参考借鉴。

爱玩是孩子的天性，每一代青少年都会有自己的游戏。从“忙趁东风放纸鸢”到“蓬头稚子学垂纶”，从踢毽子、丢沙包到跳皮筋、翻花绳，孩子们在游戏中释放天性、体验快乐、收获成长。进入互联网时代，网络游戏兴起，由于其互动性、沉浸性、仿真性强，操作便捷，更是对孩子们产生极强的吸引力。玩游戏并不是一件坏事，适度接触游戏，可以满足一些青少年对归属感、好奇心和自我实现等方面的心理需求，可以健脑，锻炼脑力，能够开阔视野，提高应变能力，培养自信心与个人魅力。玩网络游戏能够让人放松，可以释放工作和学习带来的压力，还可以增进玩伴们的友情，获得成就感和满足感。孩子通过网络游戏可以欣赏和研究网络游戏的制作，并进行学习。

网络游戏虽然对青少年健康成长具有积极作用，但也要看到，高中生还处在身心发育阶段，自控能力相对较弱，容易过度沉迷网络游戏，甚至产生不能自拔的心理依赖。这不仅会扰乱正常的学习生活，而且会对孩子的身心健康造成不良影响。

总而言之，适度游戏有益，过度游戏有害。

教子有方小课堂

有些父母一看到孩子玩网络游戏，就暴跳如雷、粗暴干预，有的干脆把孩子与电脑隔绝，以为这样孩子就不会再玩网络游戏了，这些方法都不能从根本上解决孩子沉迷网络游戏的问题。高明的父母对孩子玩网络游戏能够调控自如，牢牢掌握主动权。作为家长，一定要正确看待网络游戏，要理解和接受孩子玩游戏的心理需求，允许孩子偶尔释放一下压力，不能坚决不让玩，不让碰。那么，家长应该如何对待孩子玩游戏呢？

1. 提高孩子对游戏的认识

要明确游戏是游戏，现实是现实，不要贸然模仿或学习游戏中“英雄”们的技能，以免发生不可预计的后果。

2. 选择合适的网络游戏

网络游戏种类繁多，家长需要根据实际情况来指导孩子选择适合自己的网络游戏。

3. 要规范孩子的行为

双休日、节假日和平时玩游戏是有所区别的，父母可以设置一个底线，比如一次玩多久，一天玩多久。而在设置底线的时候要有技巧，充分给孩子选择权，不能完全由父母说了算，强制限定时间孩子会有逆反心理。

4. 多抽出些时间陪伴孩子

有时候孩子玩游戏仅仅出于无聊，如果家长能多陪孩子聊聊天，或同孩子一起上网，或带孩子去公园转转玩玩，多接触大自然，多培养亲情，孩子心灵上有了寄托，就不会过多地依赖网络游戏，更不会沉迷上瘾了。

5. 让孩子学会自己管理自己

这是最关键，也是最难的。家长对青春期的孩子不要管太多，不要对孩子不断提出限制性要求，而要引导孩子学会自我管理。

6. 适当进行奖惩

孩子遵守承诺，按照“约法三章”去做了，父母要及时给予肯定或奖励。如果孩子破坏了规矩，网游超时，就要给予适当惩罚，如两天不许上网等。

第四节　正确认识和对待智能手机

智能手机是具有独立的操作系统、独立的运行空间，可以由用户自行安装软件、游戏、导航等第三方服务应用的设备，并可以通过移动通信网络来实现无线网络接入的手机类型的总称。移动互联网时代，智能手机的流行已成为手机市场的一大趋势。这类移动智能终端的出现改变了很多人的生活方式及对传统通信工具的需求，人们不再满足于手机的外观和基本功能的使用，而开始追求手机强大的操作系统给人们带来更多、更强、更具个性的社交化服务。智能手机也几乎成了这个时代不可或缺的配置。如今，越来越多的消费者已经将购机目标定位在智能手机身上。与传统功能手机相比，智能手机以其便携、智能等特点，在娱乐、商务及服务等应用功能上能更好地满足消费者对移动互联的体验。

手机从过去单一的通话功能，到今天集通话、短信、照相、录音、摄影、上网、购物、听歌、视频、电子书于一身，不仅极大地满足了人们的通信需求，也满足了人们的娱乐需求。据有关部门统计，中国是世界上拥有手机人数最多的国家，中国手机用户总数超过10亿，其中智能手机用户占大多数。手机的存在大大缩短了人们沟通的时间，从书信到电子信息，从纸质到电子设备，信息的传播速度大大增加，也让人们的沟通更加便捷，还能让人们的办事效率提高。现在的人们越来越离不开手机，正所谓“一机在手，天下我有”，地球也变为一个地球村。

任何事物都有两面性，我们不能单一地认为智能手机是好或者是坏。智能手机在一定程度上方便了我们的生活，给我们带来了许多好处。但同时，现在越来越多的人成了低头族、手机奴，有的已经严重影响到自己的生活了。手机在缩短人们的沟通距离时，却增加了人们的心理距离，这使许多人变得情感冷漠，如果长时间玩手机还会影响健康，更为严重的是手机正在摧残孩子的未来。所以，无论是手机的好处还是坏处，我们都应该理性看待，因为一种新事物的出现会伴随各种情况出现，有时对我们有益，有时也会危害我们的生活，但是我们应该明白我们是人，而手机是让我们的生活变得更加方便的工具。如果有人本末倒置，那么他就会被手机所控制，成为这个社会病态的存在。

“我当初就是心软，没有坚持住，给她换了一部智能手机，现在后悔莫及。”家长魏先生说。女儿小魏现在读高二，初中期间，她一直使用一台老人机。考上高中后，她一再向父母提出，班上的同学都用智能手机，建了一个班级微信群，而自己没有智能手机，不能参与讨论，连朋友都没有，感到很孤独。因为担心女儿厌学，魏先生便给女儿换了一部智能手机，结果就失控了。“她在学校的情况我不了解，但周末在家就是机不离手，跟同学用微信聊天，吃饭的时候都低着头玩手机，看到她这个样子我就觉得很心烦。在房间关着门做作业的时候，也要拿着手机进去，说要用到学习软件。但我好几次听到她的微信叮叮咚咚响，肯定分心啊！”父女俩为此争执不休。“现在收回智能手机已经不可能了，我管不了也懒得管了，只能靠她自觉了。”魏先生说。

有不少学生对手机形成依赖，都源于孤独。现在很多话题都源于微信、网络，很大程度上都是通过手机获取，因此，有的孩子对脱离手机感到恐惧无助，是担心与同伴没有共同话题，进而被孤立。

手机依赖成瘾会给孩子带来许多不良影响。一是影响孩子身体健康。长期的手机辐射对学生的身体发育不利。有研究表明，孩子在使用手机时，大脑中吸收的辐射比成年人要高出50%。现在有很多青少年都在使用手机，以为这对身体没多大影响。其实，青少年的免疫系统比成人要脆弱，更容易受辐射影响。事实证明，手机辐射会对青少年脑部神经造成损害，引起头痛、记忆力减退和睡眠失调。而频繁玩手机游戏、用手机听歌曲对孩子的听力也会造成极大的损害。二是影响孩子心理健康。手机短信为人们相互交流信息、传递情感提供了快捷而简便的现代手段。然而，这又是一个缺乏行为规范且隐秘性很高的灰色地带，人们在享受自由交流的同时，私欲放纵和道德失范等人性的弱点也由此显露。其中危害最大的是不健康信息的传递，中学生很容易被不健康内容吸引而误入歧途。三是占用宝贵的时间。孩子一旦爱上手机，就会不分昼夜，利用一切可以利用的时间玩手机。四是破坏专注力。无法长时间地集中精神，缺少对某个问题深入持久的了解和思考，这似乎已经成了手机操控下的现代人的通病，专注状态正变得越来越难得。五是导致孩子的自制力变差。当孩子对学习内容感到枯燥乏味时，就会用手机玩游戏、发短信，甚至通话，最可怕的是晚上在被窝里玩，家长发现不了。许多孩子明明知道过度玩手机不好，可就是放不下。六是影响学习。孩子一直玩手机对手机着迷，那么就无法安心学习。有许多新闻都报道过一些孩子因为玩手机，成绩一落千丈，在考试中发挥失常，从而人生走向下坡路，自暴自弃。另外，手机成瘾还会败坏考风，容易滋生事端，引起炫耀攀比，助长谈情说爱，或者侵犯他人隐私，助长享乐思想，加重家庭负担等。

教子有方小课堂

对待手机，没有绝对的统一的放之四海而皆准的处理方式，有的处理方式对这个孩子管用，对另外一个孩子未必管用，有的孩子在家长的强制下戒了手机，有的孩子则在家长的逼迫下选择了轻生。所以，任何处理方式，都要因人而异，与时俱进，不断变化。无论采用什么管理方式，有一条原则家长必须坚持，那就是：预防大于治疗。1分钟的预防胜于10分钟的治疗，家长要引导孩子认识手机成瘾的危害，别让手机偷走孩子的大学梦！

1. 给孩子制订一个手机使用计划

给孩子制订一个计划，规定手机要在什么时间使用，每天使用不能超过多长时间，不必要时把手机放在“禁区”内，让孩子把握一个度。不要硬堵，与其一味用“堵”的办法，不如和孩子达成君子协定，培养孩子的契约精神和规则意识，一旦达成协议，家长就要有原则有底线，不能随意让步。

2. 教育孩子提高认识

让孩子正确认识电子产品，知道手机的最大用处是给人们带来生活上的便捷，解答学习上的疑问，虽然也可以为人们提供娱乐、游戏的平台，但不可沉迷，要正确运用。

3. 注意保护孩子的视力

当孩子在接触电子产品时，父母要注意保护孩子的视力，不能让孩子长时间看手机，不能离屏幕太近等。在生活上也要提醒孩子多吃蔬菜，保护自己的视力。

4. 多与孩子沟通和交流

不要让电子产品替代大人的陪伴，家长要经常关心孩子，平时多与孩子沟通交流，不但要关心孩子的身体，更要关注孩子的精神需求。

5. 父母要以身作则

有手机成瘾的父母，孩子就会效仿大人，成为手机控，所以避免孩子手机成瘾，父母要以身作则，不做低头族。

第五节　丰富孩子的课余生活

课余生活是学生校园生活的重要组成部分。从传统的踢毽子、跳皮筋、书法课到现在的机器人、航模比赛，课余活动的形式一直在变化，但不变的是促进学生德智体美劳共同提高。

对高中生来说，除了完成学校规定的学习任务，还必须有属于自己的丰富的课外生活，除了学校统一安排的作息时间表，可以自主安排的时间还有很多。

在学校统一安排的时间、空间内完成课内的学习任务，学生主要是服从和遵守，除了改进学习方法提高学习效率之外，很难有太多的改变。而对于可以自主安排的时间，在自己的私有空间参加课外的活动，则是一个满足兴趣爱好、发展个性特长、平衡素质差异、实现自我超越的重要途径。可以说，学校的课程学习与学生的课余生活是学生健康和谐发展的两个车轮，互为支撑，缺一不可。在“双减”形势下，学生课余时间多了，家长和孩子可选择的余地更大了。无论是亲近大自然，还是培养科学、人文艺术、体育等方面的兴趣爱好，都有助于提升孩子的综合素质，缓解课内学习压力。

高中生既要抓好学习，又要丰富课余生活。为了考取理想的大学，高中生都会把大部分时间放在学习上，但是一定不要忽视了课余生活。良好的课余生活不但不会浪费高中生的时间，还可以促进孩子的学习。丰富孩子的课余生活，不仅有利于孩子的情绪发展，还有利于孩子认知的发展。

强强的爸爸是省篮球队的退役球员，在爸爸的影响下，强强很喜欢到附近小区的篮球场打篮球，因此结识了和自己差不多大的亮亮、真真、军军和飞飞，他们一起组成了一支在小区里小有名气的“飞虎篮球队”。强强的爸爸一有时间就悉心指导孩子们打篮球，五个孩子能够积极配合，互相理解和鼓励，篮球技术也长进很快。亮亮长得非常高大，总是喜欢在内线横冲直撞，防守时也死死卡住内线，使对手没有得分的机会；真真和军军身体也很强壮，但比亮亮差一点，所以总是在前锋的位置上冲锋陷阵，得分很多，拼抢也非常积极。飞飞和强强身材虽然相对较小，但技术非常全面，特别是运球技术非常娴熟，善于组织整个球队，起到了穿针引线的作用，他们五人组成的“飞虎篮球队”在小区同级别的比赛中所向披靡，总是能够取得胜利。他们五人从小通过篮球结为一生的好朋友，在生活中他们也能取长补短，改掉自己爱玩手机、迷恋网络等毛病，共同进步。

许多家长往往会纠结该不该让孩子参加课余活动，实际上担心的是课余活动会不会影响孩子学习。实际上，孩子参加课余活动不仅不会影响学习，而且会提高学习效率；不仅如此，还会带来多方面的好处。主要有：一是促进身体健康。当孩子参加体育运动和户外活动时，就会增强体能，养成健康好习惯。二是培养创造能力。不同的活动，如音乐和表演艺术等，都可以为发展创造力提供不同的平台，运动可以教会孩子解决问题的能力。三是消除压力。课余活动是一种放松性活动。孩子在宽松的环境中进行许多有益的活动，可缓解甚至能消除学习压力。四是开阔视野。如读书活动，通过阅读博览古今中外名著，可以增加文化积累，提高自己的文化修养。五是团结友爱。在现代社会，团队合作显现出越来越重要的意义，课外活动中的团队运动要求孩子们携手合作，实现共同的目标。因此，孩子们在活动过程中能够学会团结友爱，增进友谊。六是培养生活情趣。高中生因为学业繁重，应该培养一些生活情趣来调剂紧张的学习生活。有了高尚的生活情趣，高中生的课外生活内容将大大丰富。课余活动不仅有趣，还可以教孩子们多方面的重要技能与知识，培养特长，促进个性发展。孩子们一旦尝到课余活动的甜头，兴趣点就会转移，就会放下视频游戏，更多地参与到课余活动中去。

教子有方小课堂

家庭、社会是学生课余生活的主要空间，家长的指导和督查十分重要。家长除了要督促孩子订好计划，还要对孩子在家是否按计划完成各项任务进行必要的检查提醒。家长应该利用空闲时间多带孩子出去游玩、野餐，尽量不要让孩子在家待着，因为在家待着孩子就很容易拿起手机玩。不要老让孩子埋头学习，要让他多出去玩，做自己喜欢的事情，在手机外寻找乐趣。家长要引导孩子兼顾学校生活与课余生活两个部分的协调推进。

1. 陪孩子一起读书

家长陪孩子一起阅读书籍，不仅可以为孩子提供灵感，还可以激发他们的好奇心。父母也可以就书籍中的话题跟孩子进行讨论，书籍也有助于发展孩子的语言能力和扩大词汇量。

2. 陪孩子亲近大自然

可以带孩子出去旅行看世界，去踏青、去露营等，让他们对大自然有更多的认识，这有利于孩子学习和理解不同地域的风俗文化，有利于开阔孩子的视野。

3. 让孩子参与日常生活

家长可以带孩子做一些手工艺品，或者学习烹饪和烘焙等，进行有趣的动手类活动，还可以学习乐器、学习舞蹈、养宠物等。这样更有利于孩子创造力的发展，增加孩子的成就感，还有助于提高孩子的动手能力。

4. 发展特长

课堂很难满足每个孩子的兴趣爱好，因此，课余时间应尽可能做出补偿，鼓励孩子多干自己想干的事，并让孩子的特长得到强化和培养。

5. 参与公益活动

这是高中生接触社会、了解社会、服务社会，全面提升自己道德水平和社会责任感的重要途径。公益活动可以是个人单独行动，也可以是参加某一慈善组织的集体活动。参加公益活动应该尽量少一点功利心，也不要去做自己力不能及的事，提倡从小事做起，从身边做起，倡导高中生通过发挥自身的优势和特长为他人提供有益的帮助。

第六节　加强网络道德教育

所谓网络道德，是指以善恶为标准，通过社会舆论、内心信念和传统习惯来评价人们的上网行为，调节网络时空中人与人之间以及个人与社会之间关系的行为规范。网络道德作为一种实践精神，是人们对网络持有的意识态度、网上行为规范、评价选择等构成的价值体系，是一种用来正确处理、调节网络社会关系和秩序的准则。

孩子的世界观、人生观还处在形成时期，他们缺乏明辨是非的能力，很容易接受各种不健康的诱惑，造成道德上的失控。如有的孩子喜欢上了黄色网站，有的学会了网络谩骂，有的进行了网络诱骗，有的滑向了网络犯罪等。在信息技术日新月异发展的今天，人们无时无刻不在享受着信息技术给人们带来的便利与好处。然而，随着信息技术的深入发展和广泛应用，网络中已出现许多不容回避的道德与法律问题。因此，在我们充分利用网络提供的历史机遇的同时，抵御其负面效应，大力进行网络道德建设已刻不容缓。

某重点高中的学生宁梓，从9岁起就喜欢摆弄电脑，玩网络游戏，他妈妈反对，可他爸爸赞成。爸爸怎么个赞成法呢？一方面，鼓励孩子上网，给孩子买许多关于电脑的书，教孩子电脑知识，帮孩子利用电脑学习功课，鼓励孩子参加国家计算机等级考试；另一方面，为孩子立规矩，加强网络道德教育。几年内，宁梓不仅成为网络游戏高手，还成了修理电脑的能手，一些网吧老板发现电脑坏了，修不好，便向小宁求教。这方面的难题，一到他手里，即迎刃而解。他13岁轻松通过了国家计算机的二级考试，不久，又取得了微软管理专家的国家资质证书。他如此学电脑、玩电脑、迷电脑和网络游戏，是不是学习成绩一落千丈呢？不仅没有，而且良性循环，相得益彰，他的学习成绩一直在班上名列前茅。为了在电脑技术、网络技术上更上一层楼，他还立志向国外的微软网络工程师资格证书进攻。要取得这一资格，必须通过7门全英文的全球统一在线考试。当他向父母提出这个想法时，父亲是坚定的支持者，母亲也咬牙答应。他们先帮助儿子交了4000元的培训费，然后具体地帮助儿子一门一门地通过了全部的7门英文考试，宁梓终于拿到微软网络工程师的资格证书，成为全国最年轻（仅15岁）的微软网络工程师。现在，宁梓打算考取名牌大学，毕业后干一番事业。

故事至少对我们有三点启发：一是对孩子上网不能硬堵，因势利导效果好；二是不要只教给孩子电脑知识，还要注重网络道德的培养；三是家长要懂网络，不懂就要学，不能落后于孩子。而现实状况是：有的家长将网络视为洪水猛兽，采取简单的堵截办法，坚决阻止孩子上网。有的家长压根儿就是“网盲”，不仅不了解网络，而且一提到网络，就恨得咬牙切齿，生怕孩子因上网耽误学习，于是由怕生怨，由怨生恨。还有的家长对子女网络行为的引导针对性不够，缺少有效方法，缺乏对子女进行网络指导的能力。

今天，当我们步入网络社会，发现青少年与网络之间存在众多的契合点，正是这些契合点使青少年对互联网“一网情深”。青少年在网络影响下，虽然向社会展示了其众多绚丽之处，令人倍感惊喜，但不少青少年网民的失色表现却无论如何不能给社会增辉，不能让人高枕无忧。

据调查，有 34.6% 的青少年网民承认自己曾经浏览过色情网站，有 4.9% 的人承认“经常”去看。很多青少年因此而荒废学业，成为“电子海洛因”的吸食者，对身心健康造成了严重损害，不仅消磨了大量时间，而且让人在面对纸质书籍、学科课程学习这种刺激略低的媒介时，难以集中注意力，致使学习成绩直线下降。在网络世界不能随心所欲，网络世界和现实世界一样具有需要共同遵循的规则。网络在我们面前展示了一幅全新的生活画面，同时，美好的网络生活也需要我们用自己的理性、美德和文明共同创造，这个努力创造的过程其实就是一种享受，如果不去创造、率性而为，那就不是享受，而是一种堕落。

教子有方小课堂

引导孩子养成良好的网络道德，每一个家庭、每一位父母都责无旁贷。构筑信息时代的网络文明，要从家庭做起，从父母做起。

1. 教育孩子遵守网络道德标准

（1）要加强思想道德修养，自觉按照社会主义道德的原则和要求规范自己的行为。

（2）要依法律己，遵守“网络文明公约”，法律禁止的事坚决不做，法律提倡的事积极去做。

（3）要净化网络语言，坚决抵制网络有害信息和低俗之风，健康合理科学上网。

（4）严格自律，学会自我保护，自觉远离网吧，并积极举报网吧经营者的违法犯罪行为。

2. 教育孩子遵守网络基本规范

（1）你不应该用计算机去伤害他人；

（2）你不应干扰别人的计算机工作；

（3）你不应窥探别人的文件；

（4）你不应用计算机进行偷窃；

（5）你不应用计算机作伪证；

（6）你不应使用或拷贝没有付钱的软件；

（7）你不应未经许可而使用别人的计算机资源；

（8）你不应盗用别人的智力成果；

（9）你应该考虑你所编的程序带来的社会后果；

（10）你应该以深思熟虑和慎重的方式来使用计算机；

（11）为社会和人类做出贡献；

（12）要诚实可靠；

（13）要公正并且不采取歧视性行为；

（14）尊重包括版权和专利在内的财产权；

（15）尊重知识产权；

（16）尊重他人的隐私；

（17）保守秘密。

第六章　高中生家庭爱情教育

爱情客观地存在着，在生活中、在艺术作品里、在你我身边。当代高中生非常需要爱情教育和婚姻教育。现在不少家庭出现婚姻危机，很多是和当事人年轻时没有受过爱情教育有关。要知道，爱情不是见不得阳光的。高中生正处在身心发育的关键时期，他们渴望和异性交往，是很正常的，这种正常的交往受到压抑反而会出现问题。家长不要谈“爱”色变，这是没有必要的。对孩子进行爱情启蒙教育是父母义不容辞的责任。与性教育不一样，爱情教育不是生理层面的内容，知识成分相对较少，大多是观念和态度的养成。爱情教育是培养青少年健全人格，以适应社会和家庭生活的重要途径。

第一节　爱情教育的重要意义

爱情教育具有极为重要的意义。首先，这是生理的需要。在校的高中生，一般 16~18 岁，他们比过去的孩子要早熟得多。其次，这是孩子心理的需要。豆蔻年华、青春岁月，他们的心底有一种朦胧的情感在激荡。进入青春期的孩子，更清楚地意识到自己与异性有别，更加关注异性的秘密。再次，这是时代的要求。在当前这样的社会环境中，与其让孩子在黑暗中摸索，在背地里谈论，从那些影视、小说中去学习，还不如让我们坦白地、真诚地教育和引导他们去认识健康、光明、高尚、纯洁的爱情。最后，对孩子进行爱情教育，具有重大的社会意义。应该承认，我们的社会教育在爱情教育这一方面是欠缺的。我们要通过教育，特别是家庭教育，来提高青少年的思想认识，使他们明白爱情的严肃性。爱情不是游戏，不是为了好玩，也不仅仅是两个人的事情，而是关系到家庭、社会、国家，还关系到如何繁衍和教育下一代的问题。

缪妈妈回忆说，女儿上高中时，曾非常喜欢班上的一个男孩，那个男孩成绩出众，人品也好。女儿每次考试成绩都不如他，可能是先佩服，后来逐渐产生了朦胧的爱意。女儿非常苦恼，有罪恶感。我知道内情以后，对女儿说："你的眼光还挺不错嘛！妈妈也欣赏这个男孩，不过我想他一定能考上某某大学，你与其整天犹豫该不该告诉他你的心事，还不如抓紧高中这两三年时间好好准备高考。如果你高考落榜，人家考上大学走了，你向他说明心事也不可能有结果的。只有自身条件优越了，别人才有选择你的可能。"女儿听了我的话以后，在高中阶段与那个男孩自觉保持了安全距离。最后，两人考上了同一所大学和自己中意的专业。女儿的成绩好得出人意料。半年后的一天，女儿告诉我，那个男孩主动向她表白了。原来，他发现我的女儿"一天比一天优秀"，越来越喜欢她了。现在，经历了六年的爱情长跑，女儿和男友已准备结婚了。他们经常把我当作民主家长的典范向别人炫耀。其实，我当初的镇定是装出来的，不实行"大棒政策"，说是一回事，做起来一身冷汗。

高中阶段是孩子感情最强烈、最丰富的时期，渴望有异性朋友，但往往分不清友谊与爱情的界限，缺乏控制能力。

长期以来，我们的教育忽略了爱情教育，而忽略的后果，不仅仅是使孩子们失去了对爱情的正确向往，而且导致了道德教育的残缺。教育的功能不仅仅是传授知识，更重要的是关注孩子的心灵世界。爱情教育实质上是一种情感教育和品德教育，它既受道德认识制约，也受个性特征影响。一个品德高尚的人，决不会做低级下流、放荡不羁的事情。

教子有方小课堂

在爱情教育中，引导孩子学会与异性同学交往，是家长应该教会孩子的一种能力。如果孩子不仅与同性同学交往，还能主动与异性同学交往，那么，他的交往范围会不断扩大，交往能力也会大大提高。家长要告诉孩子，正常、健康的男女生交往，既需要互相尊重，又要自重自爱；既要开放自己，又要掌握分寸。在与异性同学的交往中，家长还要提醒孩子学会自我保护。同时，要鼓励孩子和自己喜欢的异性保持安全的距离，学会积极等待，在等待中把自己变得优秀。

1. 爱情教育要同情商教育相结合

情绪控制是情商最重要的内容。事实证明，情商高的人自控力就强，反之则差。对孩子加强情商教育，提高其控制性冲动的能力，是进行爱情教育的有效手段。

2. 爱情教育要与理想教育相结合

家长要教育子女树立正确的人生目标，立大志，做大事，使爱情服从于人生的理想，不要过早地坠入爱河，不被儿女私情所困。

3. 爱情教育与责任教育相结合

许多青少年凭一时冲动做出越轨行为，往往是不计后果的，更不可能承担起什么责任。所以，对孩子进行责任教育，强化其责任意识，是非常重要的。

4. 提高认识与行为指导相结合

家长在教育孩子提高对爱情认识的同时，还要对其行为进行必要的指导，至少有四点需要注意：（1）教育孩子在男女交往时注意选择适当的时间、地点。（2）男女交往时应心地坦然，行为大方，把握感情分寸，对异性产生好感时，应时时提醒自己用理智驾驭感情，不做超越朋友界限的事。（3）如果收到异性的字条或“求爱信”时，应慎重对待，态度明确，不可感情用事。当然最好是秘密处理。（4）男女交往时言行举止应文明。例如，不用污言秽语谩骂异性，不给异性起绰号，不存非分之想，不要寻觅或散布异性的隐私，异性有困难时，主动关心、帮助等。

第二节　早恋及其疏导

青春期恋爱，俗称早恋，指 18 岁以下的青少年建立恋爱关系或对他人产生爱意的行为。早恋一词在中国大陆地区被广泛使用，相较于青春期恋爱，隐含来自社会观念的否定色彩。什么年龄恋爱是早恋，还没有一个明确的标准。一般来说，可从两方面判断：一是生活自立的程度；二是恋爱的年龄和法定最低婚龄相差的程度。来自重庆市和成都市城区学校的 1754 份问卷调查显示，中学生早恋的比例为：初中学生占 13.5%，高中学生占25.6%，但实际情况可能更多。

青春期恋爱对人既有积极作用，也有消极作用。一方面，恋爱可以让青少年们满足亲密关系的需求，促进个人成熟和丰富感情经验，帮助青少年自我认同、自我接纳。另一方面，在恋爱过程中，因为青少年普遍缺乏成熟的情绪管理能力，他们可能会体验到更多的情绪波动，并影响到他们的日常社交和学业发展。此外，在青少年没有接受过全面的性教育，也没有得到足够的社会支持时，非意愿妊娠、性传播感染、攻击行为等情况也可能会在青春期恋爱期间出现。

大连有个女孩上高中后由于英语口语不好，常被同学讥笑，唯有一位男同学不仅不歧视还热心帮助她。两个人之间慢慢产生了一种莫名的情感，最终两个情窦初开的孩子由于冲动而越轨，女孩怀孕了。知道真相的母亲没有批评孩子，没有去责怪男孩，也没有同出差的爱人联系，而是把胎儿打掉，把女儿当成一个生病的孩子悉心照顾，像朋友一样陪她聊天。她知道身体康复的女儿在心理方面的康复还需要一段时间，于是她加倍给女儿以关爱。她对女儿说："爱慕一个优秀的异性，这是正常的，是一种美好的情感，妈妈十几岁时也有过，但只是在心里偷偷地爱，因为还不到谈情说爱的年龄。你也一样，现在还是学生，对爱慕的人必须把握在同学友谊这个尺度，否则会一时冲动，越了雷池犯了错。但犯了错，知错能改为时不晚，妈妈允许你犯一次错误，但同样的错误不能犯第二次。"这位母亲还向女儿道歉，因为只注重孩子的学习而没有把必要的性和避孕知识告诉女儿，并保证这件事永远都是母女俩的秘密，不让外人知道。女儿被博大的母爱深深感动了，她说："妈妈，您放心吧，我一定会成为让您骄傲的女儿!”女儿在妈妈的鼓励和引导下，康复后勤奋学习，严格自律，和那位男同学正常交往，保持着同学间的友谊，听从妈妈的嘱咐没有再和他单独接触，也没有告诉他怀孕这件事。最终女儿成功考取了国外一所名牌大学。大学毕业前，又收到三所外国名牌大学的研究生录取通知书。

许多家长对“早恋”这个词特别敏感，谈之色变，一旦发现问题，便风声鹤唳，草木皆兵，如临大敌，忧心忡忡。用孩子的话说就是：“他们像克格勃。”他们还横加干涉，小题大做，明察暗访，非打即骂，到学校告状，甚至把孩子赶出家门。种种不信任孩子、不尊重孩子人格的做法，反将孩子推向相反之路。很显然，这些做法都是不妥当的，因为家长对“洪水”到来所用的方法是“堵”，事实证明，堵是堵不住的，最重要的是“导”，硬堵就会提高水位，积蓄能量，一旦决堤，后果不堪设想。家长最好是现身说法，讲讲自己的婚姻经历，孩子既感兴趣，又信服，可以顺势引导孩子处理好理智和冲动的关系、友情和爱情的关系、需要和可能的关系、高尚和庸俗的关系、现实和未来的关系。

早恋像冬天就开放的桃花，经不起冰雪霜冻的袭击，会过早地凋谢；早恋像青苹果，还不到收获的季节，它不熟你就摘着吃，那味道是酸涩的，无甜蜜可言。

家长要引导孩子认识早恋的危害：一是容易感情冲动。影视中男女亲吻、搂抱等动作，会激发少男少女们的感情冲动，往往引发不恰当行为。二是成绩下降。一旦早恋，精力会转移到恋爱上，造成无心向学，导致成绩大幅度下降。三是影响发育。情绪起伏波动大，易产生莫名的烦恼，导致精神不佳，心悸、头痛、失眠等，从而影响身体健康。四是造成心理负担。高中生恋爱时或乐不可支，或痛不欲生，一遇风吹草动就心事重重、越陷越深，对彼此会造成很大的伤害，甚至出现人格障碍。五是形成人际交往障碍。因为爱情是自私的，一旦与某人建立了恋爱关系，可能就觉得对方只能与自己一个人交往，当看到对方与别人交往时，易做出伤害对方及他人之事，自己也受到极大伤害。六是易发生亲子矛盾。孩子出现早恋，家长不恰当的沟通方式容易导致孩子叛逆，进而影响父母和孩子的关系，变得难以沟通。

教子有方小课堂

对待孩子的早恋，父母的态度不要粗暴，更不要予以惩罚。父母应以自己真诚的态度对孩子进行正面引导，要对孩子灌输正确的道德伦理观念，孩子有了健康的伦理观念，就有了与异性交往的行为准则，面对来自体内的躁动，能够用理智管理自己。

1. 正视早恋，家长要有正确态度

家长不妨把早恋当作“早练”——未来择偶结婚的早期练习。

2. 正面引导，让孩子心中充满阳光

让孩子懂得真正的爱情是风帆，能帮助孩子扬帆远航，让孩子实现人生的理想。引导孩子将心中的爱化为学习的动力。

3. 净化心灵，家长和孩子都学会自我控制

家长要禁止孩子涉足青少年不宜的场所，引导孩子免受或少受黄色书刊、色情影视及其他性刺激的影响。家长要控制自己在子女面前的某些过分亲昵行为，以及有意无意地对男女问题的津津乐道。

4. 认清危害，帮助孩子战胜不成熟的感情

早恋最直接的危害是严重干扰学习。要教育孩子将情感集中到学习等更合理的追求上来。同时，应为孩子提供丰富多彩的文娱、体育活动，使孩子的过剩能量和不良心理得到宣泄。

第三节　当心网聊变网恋

上网已成为现代人生活中不可或缺的元素。“网聊——网恋”，几乎成为年轻人的生活新公式。网聊是网络聊天的简称，是指借助个人计算机、手机等平台，通过网络聊天软件（如 QQ、飞信等）进行的聊天，一般以文字为主，也有图像、视频等。网络信息的便捷交流给青少年一族带来了便利，网聊已成为并且将继续是互联网中引人瞩目的风水宝地。网恋是指人们以网络为媒介，借用聊天工具等互相聊天，互相了解，从而相恋。

多数人将网恋当感情游戏，对网恋的态度是娱乐性的，认为网恋就像“在网上游戏，都是闹着玩的”，是“一种感情游戏，不可当真”，在这种前提下，多数人也认可“网恋只是游戏，没有必要专一”。同时，有些人对网恋持中立态度，认为网恋既可以成为好事，也可能成为坏事。网恋虽然在中学生中还不是一个普遍现象，但也是在一定范围内存在的一种网络交友方式。在很多情况下，它并非实质意义上的恋爱，而是一种异性交往游戏，而且相当一部分人对其有正确的认识。

小丽是一名高二的学生，她平时很文静，不会像一些女生一样大大咧

咧的，平时喜欢在网上冲浪，在一些社交软件上发表自己对生活的感慨。一天，一名陌生人加她为好友，她答应了。在和其聊天的时候，小丽会向男网友倾诉自己在生活上或者是学习上的一些烦恼，男网友也会认真地倾听小丽的述说。小丽通过朋友圈，觉得男网友是当警察的，这让小丽很是羡慕加崇拜，而且男网友长得很是帅气，是小丽心里的男神。两个人每天都会聊上一会儿。突然有一天，男网友竟然向小丽表白了，小丽觉得男网友和她聊得来，就没有拒绝男网友，答应了他。过了没多久，男网友邀请小丽去他那儿玩，小丽心里很激动，于是向父母说要去旅游，小丽的家庭条件还不错，父母平时也会带她去旅游，所以父母也没反对，给了钱就让小丽自己出发了。小丽坐动车坐了好几个小时，终于到了男网友所在的城市，男网友一早就在动车站等待她了。

小丽随着男网友去了他家里，刚开始的时候男网友每天都会带小丽出去玩，逛街、买东西。小丽觉得能找到这个男朋友很幸运，他对她很好，很照顾她。但是好景不长，没过几天男网友就拿着一本书要小丽听他说，小丽开始没有觉得什么，手机、钱包被男网友收走之后才觉得不对劲。这让小丽想到了经常在新闻里看到的事。传销？没错！男网友就是做传销的！他拿书在讲解，是在给她洗脑。知道这事后小丽没有闹，反而很冷静地思考如何脱身。她认真配合男网友，看起来就像被洗脑了一样，因此男网友对她放松了警惕。终于有一天，小丽趁男网友睡觉，偷偷地溜了出来。出来后小丽立马跑去报警了。随后民警就去男网友家里把他抓起来了，男网友说小丽是自愿的。小丽也拿回了自己的手机和钱包。第二天小丽搭乘动车回到家里，父母这才放心下来。经过这件事后，小丽再也不敢轻易相信陌生人了。

网聊很普遍，也很平常，当今社会有很多中学生喜欢在虚拟的网络世界里遨游，在网上打游戏、看视频、交友、聊天、约会等。许多人出于好奇，开始尝试网聊，结果，不知不觉就发展成了网恋。网恋是在聊天的基础上发展起来的。有时网恋也不够了，还要发展成网婚。

网聊也好，网恋也罢，家长不要给孩子扣上早恋的帽子。在中学这个时期，有的孩子“恋爱”的本质，只是在强压之下寻求一种情感寄托，并不是真的爱情。如果这个时候盲目指责，只会扩大与孩子之间的心理距离，结果令他们越陷越深，不能自拔。明智的做法是对孩子表示理解和尊重，说明网聊交朋友不应该仅限于同性，有了比较谈得来的异性朋友是成熟的表现。至于这种与异性朋友的关系的性质，不予以界定。

不能简单地把中学生在虚拟空间的网络交往完全等同于中学生早恋的网络版。如果学生能正确把握，可能会成为中学生倾诉自己内心消极情绪、满足情感需要、消除内心焦虑的一个途径，从而对健康成长产生积极作用。

教子有方小课堂

无论是网聊，还是网恋，都有让人心醉的美，更多的是让人有心痛的悔。家长对孩子网聊网恋的行为一定要加强疏导。

1. 不轻率与陌生人见面

告诉孩子，如果网友约你见面，千万不要轻易答应，草率前往，因为毕竟是网络上认识的朋友，不了解他的真实身份，如果是坏人，甚至有可能是团伙，就会对你的人身安全造成严重威胁。

2. 不要被殷勤冲昏头脑

有的人，特别是女生，遇到一个网友对自己非常好，非常关心，甚至说是大献殷勤，就容易被冲昏头脑，以为遇到了知己，这种好感很容易扰乱你的判断力，做出一些不理智的举动，让骗子得到可乘之机，因此，无论对方怎样，都要保持冷静应对。

3. 不与陌生人视频聊天

有的人喜欢与网友视频聊天，省去了打字的麻烦，还能看到对方的样子，感觉挺新鲜的。其实，视频聊天存在很大的风险。如果对方是骗子，可能会将你的聊天视频录下来，然后假冒你和你家人联系，骗取钱财。

4. 不向人泄露个人信息

在任何时候，都不要在网上泄露个人信息，包括姓名、身份证号码、银行账号、银行密码等，即便对方是可靠的人，也要防止被黑客窃取到你的聊天记录。

5. 不要轻信网友的故事

网上的骗子通常用的手段是编造一些感人的故事，博得同情，进而提出一些要求，让孩子无法拒绝，当孩子用一颗善良的心去满足了他以后，才发现自己是上当受骗了，所以，一定不要轻信他人。

6. 把握网聊的度

要引导孩子上网不恋网，聊天不谈情，网谈不面谈，家长一定要教育孩子提高认识，端正心态，抛弃幻想，留住理智。

第四节　失恋及其疏导

一般意义上所谓的失恋是指一个痴情人被其恋爱对象抛弃。恋爱和失恋都是人生非常重要的情感经历。失恋的经历并非一无是处，它完全可以转化为人生的一笔财富，它可以使一个人变得更加成熟和理智，关键是家长要正确引导，让孩子从中学会成长。

失恋是失恋者的情感不受控制、完全战胜了理性的一个时期。对于失恋者来说，是一杯难以下咽的苦酒。大多数失恋者都能理智地看待并接受这一现实，但是，也有一些人因为把失恋看得太重，并在这种打击下产生心理问题。缓解失恋的痛苦，需要外界的帮助，但更重要的是提高自己的心理承受力，增强心理的适应性，学会自我心理调节，从而达到新的心理平衡。

失恋是一种特殊的情绪体验，失恋是什么感觉，谁也说不出来。有人说，失恋就如心中插上一把刀，一动就痛。有人说，失恋就像吃酸味冰淇淋，心里酸酸的、凉凉的，让人不能承受。更有人说，失恋的感觉像是一个很熟悉的人去世了。失恋引起的主要情绪反应是痛苦与烦恼，大多数人能正确对待和处理这种恋爱受挫现象，愉快地走向新生活，然而也有一些人不能及时排解这种强烈情绪，在他的灵魂深处烙上深深的伤痕，这种不可言说的心理隐痛会一直伴随着他整个生命的旅程。人毕竟是有情感的动物，而爱情又是那么令人心醉神迷，因而，当这种圣洁的情感幻灭之时所给人带来的灵魂深处的骚动，也是痛苦而激烈的。如何对待这种痛苦，受着失恋之锤敲打的每一个人，都根据自己的个性和体验做出不同的回答。

刚刚跟女朋友吵完架的16岁男生阿彪，陡然有一种被世界抛弃的感觉。他想不通，为什么自己对她那么好，而她却对自己如此残忍？就在怒火中烧的一瞬间，阿彪觉得，整个世界都在背叛他。

阿彪的父亲是重型卡车司机，阿彪突然决定，要用一种极端的方式来发泄。他趁父亲不在意的瞬间，跳上了父亲的卡车，踏着油门便往大路上冲。重型卡车仿佛一头失控的怪兽，撞向路上无辜的行人。在阿彪最终被制止之前，十几个无辜的路人葬身在大卡车的车轮之下。

有恋爱就有失恋，这是一个辩证的自然法则。失恋引起的主要情绪反应是痛苦和烦恼，若不及时疏导，失恋的孩子容易做出极端行为，造成严重后果。

分析失恋者的心理表现，有几种常见的不良心理问题。一是自卑心理。感到羞愧难当，陷入自卑、心灰意冷之中。二是悲愤心理。失恋者终日沉浸在极度痛苦中，反复咀嚼失恋的痛苦，品尝人生的苦味。时间一长，失恋者就会变得感情脆弱，性格古怪，形单影只，使人难以接近。三是绝望心理。失恋的冷水似乎把失恋者的生命之火熄灭了。他们从此对一切都失去了信心，有的甚至走上了轻生的绝路。四是极端心理。失恋者仅仅从个人的一次失恋，便否定了对方所属的整个性别、职业、出生地，乃至爱情本身。五是报复心理。失恋者在失恋后失去理智，把自己的痛苦统统归罪于对方的抛弃，因此有的采取卑劣手段，败坏对方的名声；有的铤而走险，用暴力伤害对方；更可怕的是，有的失恋者报复社会，造成毁灭性的结局。以上几种心理，都会给失恋者和社会带来极大的危害。因此，失恋者要特别注意保持心理健康，面对现实，积极地寻求多种方法和途径，疏导因失恋而带来的郁闷、不安和愤怒。

教子有方小课堂

如今多数失恋者能逐渐正确对待失恋，然而有些失恋者会出现失控和反常的心理反应，尤其是一些青年人。这就需要家长及时发现，并积极引导。

1. 宣泄

失恋者精神遭受打击，被悔恨、遗憾、惆怅、失望、孤独等不良情绪困扰，可以让失恋的孩子大哭一场，进行合理宣泄，以释放心里的负荷。

2. 倾吐

让孩子找一个可以交心的人，将烦恼和苦闷向他毫无保留地倾诉出来，并听听他的劝慰和评说，这样心里会平静一些。也可以让孩子用书面文字，如写日记或书信的形式把自己的苦闷记录下来，或给自己看，或给朋友看，这样也能释放自己的苦恼，并寻得心理安慰和寄托。

3. 移情

引导孩子及时适当地把情感转移到同性别朋友或其他人身上，如失恋后与同性朋友发展更密切的关系，交流思想，讨论人生。再就是走亲戚串门儿，寻求亲情的温暖。此外，还可以把情感转移到其他事物上，或者参加各种娱乐活动，缓解苦闷，陶冶性情；或者来一次远游，把自己融化到大自然的博大胸怀中，从而得到抚慰。

4. 反思

首先，要让孩子一分为二地分析自己，有哪些缺点和不足，哪些地方不如人，怎样改进；再想想自己的优势，鼓足勇气，丢弃自卑，迎接新的生活。其次，让孩子用逆向思维多想对方的不是，淡化其形象。再次，要想明白一些道理：强扭的瓜不甜，爱情是以爱为前提的，不可因一厢情愿而强求，应该尊重对方择爱的权利。最后，要自我安慰。人不能一条道跑到黑，不能一棵树上吊死。辩证地看，失恋固然是失去了一次机会，然而却能进入另一个充满机会的世界。

5. 立志

失恋者积极的态度会使自我得到升华，全身心地投入到学习工作中去。许多失恋者因此而创造出辉煌的成就，像歌德、牛顿、贝多芬、诺贝尔等历史名人都曾饱受失恋的痛苦。他们可谓是奋力拼搏、更新自我、积极转移失恋痛苦且能创造辉煌人生的楷模。

第五节　择偶的智慧

择偶需要一定的理论作指导。择偶的理论有很多，其中的“麦穗理论”值得欣赏。该理论说的是：我们寻找人生另一半的过程就如同走进一块麦田，在蹚过整个麦田的途中会有许多麦穗向我们招手示意，致使我们挑花了眼，不知道哪一株才是真正适合自己的，自己应该摘取哪一株，因而就会有踌躇与彷徨，遗憾与悲伤。一般人在摘取属于自己的麦穗之前不管是多么花心，但一旦做出了决定，就会本本分分地守着自己选择的那株麦穗度过余生，但也不排除有少数人在今后的生活中一换再换自己的麦穗。

麦穗理论来源于与古希腊哲学导师苏格拉底有关的一个故事。哲学大师苏格拉底的三个弟子曾求教于老师：如何才能找到自己理想的伴侣。苏格拉底没有给出正面的回答，而是带他们三个来到了一块麦田旁。让他们依次穿过这块麦田，并在穿行麦田的过程中摘取一株最大的麦穗，但是有一点必须强调一下，他们不能走回头路，并且只能摘取一株。

第一个弟子刚在麦田中走了几步，便看见一株明显大于周边同伴且还算饱满的麦穗，心中一阵得意，以为自己就是天底下最走运的人，便毫不犹豫地摘下了。反正时间还早，就再看看呗。于是，他继续前行。这一前行可不得了，真把他气坏了，前面竟有许多比自己摘的那株大的麦穗，世间要是有后悔药就好了。可世间有吗？没有。所以，他只得遗憾地走完了全程。

第二个弟子吸取了前面那位师兄的教训，一定要沉得住气，不要轻易下手，万不可重蹈师兄的覆辙。他一再地这样告诫自己。左顾右盼，东挑西选，每当他看到一株大的麦穗要采摘时，就默默地告诫自己：要三思啊，后面可能还有更好的。师兄失败的阴影又袭了过来，于是，他把欲摘麦穗的手又缩了回来。可他却忽略了先人的某句警言——不要坐失机会。当他快走到麦田的尽头时才发现，前面几个最大的麦穗已经错过了，只好将就摘了一株（一般是越靠近地头的麦穗越长得干瘪，所以说，他摘得的那株当然称不上是最大的）。

有先下手而致失败的前例，也有后行动但不成功的先例，第三个弟子在心理上有了充足的借鉴，有准备地进了麦田。他是这样考虑的：把整个麦田分成三份，在前 1/3 麦田里将麦穗分成大、中、小三类；在中间的 1/3 麦田里对前面所分的类别进行验证；在最后的 1/3 麦田里下手，摘取属于大类中的一株最美丽的麦穗。虽然不一定是整块麦田中最大最金黄的那一株，但他迫于规则的限制，自己已经尽可能地争取到最好的结果了，因此，他是满意地走完全程的。

苏格拉底给弟子的这个无言的回答让人回味无穷。仔细一想，人生择偶不正如穿越麦田吗？只走一次，不能回头。要找到最适合自己的那株麦穗，必须要有莫大的勇气且要付出艰辛的努力。有的人下手太早，一进麦田就迫不及待地摘下了一株自认为最饱满、最美丽的，沾沾自喜，结果是在麦田里走得越深，越发现别的麦穗更加饱满、更加美丽，但是自己却没有了再摘取的机会。也有的人考虑太多，一路走，一路挑，挑来拣去，埋怨这株麦穗不够饱满，抱怨那株麦穗不够漂亮，觉得大麦穗总在后面，始终没有摘取的勇气。走着走着，不知不觉已经到了麦田的尽头，发现自己身边的麦穗越来越少。最后，迫不得已，只好将就着摘一株充数。事后比较就会发现，自己挑的这株是所有麦穗中最小最难看的。

甘肃姑娘娜娜是文化公司的职员，个子不高，长得斯文秀气。从23岁起，她就奔走在相亲之路上，10年来相过逾百名男士，是名副其实的相亲达人。她坦言："这10年的心路历程，是一个不断打破和修正标准的过程，虽然还没有找到那个对的人，但我相信自己正越来越接近幸福。因为我终于明白自己到底需要的是什么。"

大学刚毕业的时候，天真烂漫的娜娜梦想着会有一位高大威猛、帅气多金的白马王子"驾着七彩祥云"来娶她；初谙职场斗争的残酷，又经受了丧父之痛后，迷茫无助的她认为只有成熟稳重、能力过人、经济基础雄厚的男人才能背负起她的人生；随着在事业上游刃有余，独立生活能力也锻炼得超强，她自信能够独自担当自己的人生，不再迷信"成功男人"，希望找一个高学历、高素质、高品位的“精神伴侣”；然而，遭遇了一位品行恶劣的博士后之后，她终于明白，学历与素质不一定成正比。经历了种种挫折，如今她只想找一个品行端正、善良体贴的男人，有没有钱、有没有房、有无婚史、学历高低都不重要，重要的是彼此聊得来，平等相待，有共同的兴趣爱好，有共同的人生观和价值观，能在人生路上相互搀扶。

娜娜说：“标准是必须有的，否则就会很茫然。但是，择偶并不是简单的按图索骥，因为你会成长，会改变，标准也不能一成不变。找到适合自己的人，其实是一个不断了解自己内心需要，不断修正自己以到达幸福彼岸的过程。”

在择偶过程中，标准固然重要，但不应是铁板一块。严苛的标准，表面上看是过滤掉了那些“不合适”的人，实际上却扼杀掉了双方接触和了解的机会，是自困的枷锁，是一个双输的选择。

择偶就像选择麦穗，是每个人都要经历的一个过程。有人没有好好把握（如过分挑剔等）而得到了一个不尽如人意的结局；有人充分把握而觅得一个不错的伴侣。其实选择麦穗的原则很简单，不要奢望太多，试图选择整块麦田中最饱满最灿烂的那株麦穗，因为那很难做到。生活就如同经济学上所讲的，任何一个问题从来都没有最优解，而只有最满意解，甚至只有相对满意解。每个人都想找到自己的白马王子或者白雪公主，但是现实生活总是存在着偏差，就如同你在麦地里摘取了一株麦穗之后，总会发现比自己手中更大的麦穗。和我们共度一生的那个人，很可能不是人群中最出众的一个，却是自己最喜欢的一个，就如同广告里所说的：我选择，我喜欢。每个人都在挑选麦穗，同时，每个人也都在作为麦穗被别人挑选着。既然如此，那谁都有被挑中和被抛弃的可能。无论哪种情况，以不留或者少留遗憾为佳。

教子有方小课堂

择偶是需要智慧的，并不是凭借感情就能奏效的。如果没有智慧去择偶，那么婚姻，恐怕带来的就不是幸福。古人择偶的智慧是：娶妻娶德，不娶色；嫁郎嫁贤，勿嫁恶。为达此目的，家长必须对孩子给予正确引导。

1. 让孩子了解择偶的秘诀：9% 法则

专家研究发现，假如有 100 个潜在对象，一般人在随机评估过其中的 9 个以后就会下决定了。只评估 9% 或更少，意味着你没有足够的资讯来做最好的决定。这项研究传递了一个信息：假如你的时间有限，就不要漫无目的地寻找，这样只会浪费时间，或错过可能的适合对象。看过潜在人选中的 9% 就够了。

2. 注重彼此的相似性

在选择配偶时，对方和我们的相似性或互补性何者更能吸引我们？研究证据已经表明，是相似性而非互补性把人们结合到了一起。相似性主要包括三个方面的匹配度：价值观与人格，兴趣和经验，人际风格。其中，人际风格是最重要的关系预测指标。人际风格即与人沟通的风格与技巧。高人际技巧的人侧重于社会交往的心理层面，十分重视沟通中所包含的心理成分；低人际技巧的人侧重于社会交往的工具性成分（例如，可以得到什么以及交往的最终结果），他们不关心对方的人格特点或动机。朋友之间常有着相近水平的沟通技巧——低对低，高对高。研究者发现，与和自己人际沟通风格有差异的人交往会有挫折感，且较少有进一步发展的可能。

3. 标准不能一成不变

在择偶过程中，比较理性的做法是，将标准分为原则性和非原则性两种：原则性的标准包括人品、素质、三观（世界观、人生观、价值观）等，是必须坚守的；非原则性的标准则包括相貌、身高、体重、年龄、生活习惯等，可以在一定条件下灵活变通。只有了解什么是最重要的，抱着理性的态度和包容的心胸，不断修正自己的标准，才能到达幸福的彼岸。要知道，这本来就是一场理性与感性，理想与现实，坚持与妥协的博弈。它所追求的，不是“西风压倒了东风”或者“东风压倒了西风”，而是在二者之间寻求一个幸福的“最佳平衡点”。

4. 要保持冷静的头脑

态度和心情都尽可能地冷静，否则观察不会准确。“恋爱中的人智商等于零。”这句话说得一点没错，许多人都是这样的。他们只能看到对方迷人的地方，沉浸在美好的感受之中，并急于追求更加热烈的激情，很少考虑要理性地多了解对方的负面信息。初期交往容易感情冲动，单凭印象，只看见对方的优点，看不出缺点，即便与同性朋友相交也不免如此，对异性更是常有的事。感情激动时期不仅会耳不聪，目不明，看不清对方，自己也会无意识地只表现好的一方面，把缺点隐藏起来。保持冷静还有一个好处，就是不至于为了谈恋爱而荒废正业，或是影响功课，或是浪费时间，或是损害健康，或是在遇到或大或小的波折时心烦意乱。

5. 要进行全面观察

人是最复杂的动物，观察决不可简单化，而要耐心、细致、深入，不仅要观察到对方的优点，还要观察到对方的缺点，只有彼此看到了优点，也看到了缺点，觉得都可以相忍相让，不会影响大局的时候，才谈得上进一步的了解，否则只能做一个普通的朋友。除了观察对方的优缺点外，还要观察对方的性格、脾气、习惯等，以便相互适应。

6. 要努力提升自身素质

提升素质是择偶的最大技巧。无论男士还是女士，自身素质和形象在一定程度上影响和决定着其个人择偶选择面的大小，择偶成功概率的大小，以及择偶层次的高低。素质和形象的提升是综合的，诸如讲卫生、讲文明、讲公德，会劳动、爱劳动，孝敬父母、尊老爱幼、与周围的人和睦相处，工作积极、认真、能力强，在同事中口碑好，有目标、有理想、有追求，没有不良嗜好和小肚鸡肠等怪毛病，虚心好学、知识丰富、兴趣广泛、有专长等。

第六节　引导孩子树立正确的爱情观

爱情是人世间最美好的情感之一，是世人为之欣喜为之忧的奇妙情愫。每一个人都有恋爱的自由，都有品尝爱情滋味的权利。高中生正处于青春发育期，随着身心的不断成熟和发展，他们对两性关系产生兴趣，开始有与异性交往的需要，并有可能开始向往甚至追求爱情。在这期间，自然就会形成对爱情的认识和理解，也即爱情观。但高中生对爱情的认识是模糊的、有偏差的，甚至是错误的。

爱情观是人们对爱情问题的根本看法和态度，它的内容主要包括：什么是爱情、爱情的本质、爱情在社会生活和个人生活中的位置、择偶标准、如何对待失恋等。爱情观是人生观的反映。由于受不同的经济条件、社会制度及思想文化的影响和制约，爱情观在不同的历史时期有着不同的内容，并且随着社会发展而不断发展和变化。爱情观应该是理想、道德、义务、事业和性爱的有机结合。对进入青春期的孩子进行爱情教育就是要使他们树立正确的爱情观，为未来“准备爱情”，防止孩子把萌动转化为行动，把友情误认为爱情，避免因过早涉足爱河而不能自拔，带来烦恼或伤害，让孩子少走弯路，健康成长。

究竟该如何看待中学生谈恋爱，很多学生、家长和老师谈了自己的看法。

学生：要以学业为主

林同学（高中生，女）：我们班也有同学在谈恋爱，但作为中学生，我认为还是以学业为主。

余同学（高中生，男）：我不反对高中生谈恋爱。因为我本身学习成绩还可以，课余时间比较多，如果有喜欢的女生，我是会去追的。

家长：尽量正面引导

张女士：现在高中生谈恋爱似乎已经成为一种无法避免的社会现象，看来只能正面引导了。

许先生：中学生谈恋爱虽然不妥，但大家不应该把这事当笑料，这样会伤害高中生的自尊心，毕竟每个人都有成长过程，应该正面引导。

老师：恋爱影响学习

林老师：我的意见是既不反对也不支持。从心理学上来说，恋爱很容易引起情绪上的波动。对心理年龄还不成熟的人（即中学生）来说，这种波动常常起负面作用。

其实，学生也知道不应该因为恋爱影响学习，高中生毕竟还是以学业为主，两个人可以先成为很好的朋友，感情方面谈得少一点，学习方面谈得多一些。

杜老师：恋爱必然会对学习造成影响，比如说男生“冒雨跪地两个多小时”。我们只能引导他们以学业为重，有时候双方都要互相体谅，尽量不要对学习造成不好的影响。

异性之间的好感并不等于爱情。每一个人在年轻的时候，都有这样的感觉：突然一个世界打开了，一个异性的世界，那个时候会开始注意异性的美，很容易产生爱慕之心；心里面真觉得世界太美好了，太充满诱惑力了。此时的双方，并不懂得自己的恋爱有何目的，无法预测爱的结局，往往是身不由己地陷入某种情结，因此将朦胧的好感当作爱情的萌发，现在就匆忙地与某个特定的异性建立深厚的个人关系，就好比是冒险地钻进一片虽开着奇花异草，同时也暗藏陷阱的森林。其实这时对某个男孩或女孩的好感，并不等于爱情。爱情是指经济独立、人格成熟的两个异性经过一段时间的交往，彼此有了深入的了解，从而建立起来的持久的亲密关系。

中学生的恋情具有如下特征：一是朦胧性。之所以说它朦胧，是因为畅游在青春小河里的青少年，还没有懂得什么是真正的爱。二是单纯性。认为爱至高无上，认为爱就是一切，往往把爱神圣化，纯粹化，根本不管其他因素。三是冲动性。中学生在恋爱过程中，往往凭自己的情感来左右自己的行为，经常感情用事，不太考虑自己应注意什么，应遵守什么，应承担什么责任或义务。往往只顾眼前不管以后。四是盲目性。中学生往往是只凭自己的情感需要或某些感觉或某些看法而开始恋爱的，几乎没考虑自己应找哪一种人，不该找哪一种人，带有很大的盲目性。五是不稳定性。随着年龄的增长和社会阅历的增加，青少年的理想、志趣、爱好、性格等都会发生很大的变化，从而引起爱情的变化，而每一种变化都可能影响到爱情的巩固和发展。

爱是需要等待的：等待学业的完成，等待条件的成熟……因为只有等待，才会找到心智真正成熟后的幸福爱情。这就像树上的苹果，性急的人不等成熟就去采摘，结果只能尝到青苹果的酸涩；如果耐心等待，当它成为又红又大的苹果时，就能品尝到它的甘甜。因此，每一个准备步入爱情殿堂的人，特别是中学生，都需要认真地问自己：“爱，我准备好了吗？”

教子有方小课堂

面对孩子的恋爱，家长应该秉持正确的心态，告诉他们需要注意的事项，让孩子能够勇敢积极地面对，并在面对爱情、处理爱情相关事务中顺利健康地成长。

1. 做孩子的爱情榜样

孩子的爱情观或多或少会受到父母的影响。不论你们的感情怎样，哪怕已经打算离异或者已经离异，都不要忘记做到相敬如宾。至少要让孩子明白你们对爱情的态度是认真的，不是随随便便的，在一点一滴的小事上用心都会对孩子产生很大的影响。

2. 接纳并引导孩子

如果父母采取理解和宽容的态度对待孩子的恋情，孩子就愿意把自己的异性朋友介绍给父母认识。家长可以选择请两个孩子吃饭，也可以选择邀请他们到家里来随便聊聊。交谈的内容可以涉及家庭情况、学习的成绩、未来的理想等，但是要牢记一条主线——要求两个孩子能够互相鼓励、互相帮助，提高成绩，为实现各自的理想而共同努力！

3. 引导孩子以积极的心态认识青春期爱情

爱情在每个人心中的理解有所不同，但是它的核心特质是积极、美好的。家长在给孩子说“爱情”这一话题时，需要传达积极、正面的思想，让他们知道友谊和爱情的界限，了解正确的爱情方式，认识到爱情中的美好品质，切勿打破他们对于爱情的美好向往。父母可以引导孩子学会关心、学会表达、学会完善自我，这些都是追求爱情的重要品质。

4. 帮助孩子看清青春期爱情的风险性因素

青春发育期的孩子身体尚未完全发育成熟，且还没有足够的能力对自己的性决策负责，被疾病感染和被心理伤害的风险较高。一项全国性的调查发现，15~19 岁年龄段中有 17% 的受访者曾经怀孕，5.9% 曾多次怀孕。而高达 90.9% 怀过孕的年轻女性经历过人工流产，其中 19% 曾经历过多次人工流产。因此，家长需要教会孩子学会自我保护，教授孩子保持个人卫生、避孕和预防疾病等知识。

第七章 构建良好的家庭关系

家庭关系，亦称家庭人际关系，是家庭成员之间固有的特定关系，表现为不同家庭成员之间的不同联系方式和互助方式，是联结家庭成员之间的纽带。它的特点是以婚姻和血缘为主体，并由有婚姻和血缘关系的人生活在一起构成，表现为组成家庭的各成员之间特殊的相互行为。家庭关系以代际关系为层次，以家庭同代人的多少为幅度，构成家庭中几代人或同代人之间的传递和交往。家庭关系是人的最初社会关系，家庭作为一种伦理实体和基本制度，是现代社会伦理体系的逻辑起点。家庭关系决定家庭的发展。家庭关系对一个人的生活至关重要，要想拥有幸福的生活，少不了一个和睦的家庭。因此，维护家庭的和谐稳定、构建良好的家庭关系、让家庭成员感受家庭的快乐与幸福，是每个家庭都必须研究的课题。家庭关系包括夫妻、亲子、婆媳、翁婿、兄弟姐妹、祖孙、妯娌、姑嫂、伯侄、叔侄、舅甥、姨甥等。本章只对夫妻关系、亲子关系、兄弟姐妹关系和祖孙关系进行阐述。

第一节 家庭关系与家庭教育

家庭教育是指在家庭生活中，由家长有意识地通过自己的言传身教和家庭生活实践，对子女施以一定教育影响的社会活动，也指生活中家庭成员（父母和子女等）之间相互的影响和教育，还包括聘请保姆和专门从事家庭教育的教师对子女的教育。

家庭教育有广义和狭义之分。广义的家庭教育是家庭成员之间相互实施的一种教育。狭义的家庭教育则是指在家庭生活中，由家长，即家庭里的长者（其中主要是父母）对其子女及其他年幼者实施的教育和影响。

人类的社会生活是以群体为特征的。家庭是人类群体的一种特有形式。家庭作为初级社会群体，为人们的社会生活提供了基本的社会生活环境，为人们实现社会化提供了基本的条件。这个基本的环境和条件，不仅仅是物质方面的，给人以作为居所的“家”，更重要的是其有着承担养育子女的必然性。家庭这个群体，使人们通过彼此间的相互交往，建立密切的关系，学习基本的生活常识和经验，逐渐具有能够独立于社会的本领。这便是家庭教育的积极作用。

故事一　有一对夫妻，当初还是租房结婚，刚开始虽然日子过得清贫，但一直很恩爱、很浪漫。后来他们在共同的打拼下发迹了，腰包鼓了，买了房子和车子，反而吵吵闹闹，矛盾日益加深，最终丢失了那份和谐，直至劳燕分飞。

故事二　一位16岁的少年盗窃犯，在回答他如何走上犯罪道路时曾说：“父母动不动就打我，成绩差了挨打、老师告状挨打、与别人吵架挨打……他们用家里的皮带、绳子、板子、凳子……什么顺手就用什么打我。有一次他们用皮带抽打了我一百多下，我遍体鳞伤。有时挨打完还要跪搓衣板，不能睡觉。后来我经常外逃，想到外面寻找温暖，没有钱花，又不会挣，只好偷，又结交了一些坏朋友，最后落到接受劳教的地步。”

故事一反映的是夫妻矛盾，夫妻矛盾是家庭中最常见的矛盾。故事二反映的是亲子冲突，是一起因教育方式不当（家庭暴力）而引发青少年劳教的案件，不但造成亲子关系紧张，还引发了孩子违法犯罪。

在家庭中，夫妻之间、亲子之间常常会发生各种各样的矛盾，其实，有矛盾并不可怕，关键是如何解决。解决得好，夫妻关系和亲子关系就会加深；解决不好，夫妻关系和亲子关系就会疏远。须知，在各种家庭关系中夫妻关系最为重要，父母应该把夫妻关系放在第一位，把与孩子的关系放在第二位。绝大多数家庭正相反。将夫妻关系放在第一位并不意味着不关心孩子或忽视他们。要知道，不和谐的夫妻关系会给孩子带来不安全的感觉，夫妻关系处理得不好，不管父母怎样关心和体贴孩子，也弥补不了孩子在感情上的缺失。夫妻吵架、闹离婚，受害最大的不是失败的一方，而是孩子。没有幸福的婚姻就没有幸福的孩子。

在家庭教育中，许多父母不会教育孩子。有的放任自流，不管不问；有的溺爱孩子，娇生惯养；有的唠唠叨叨，没完没了；有的简单粗暴，非打即骂。也有许多家长善于学习，不断更新教育观念，不断提高自身素质和教子能力，不但夫妻关系密切，而且亲子关系非常好。可以肯定地说，促进夫妻关系和亲子关系的最佳方式就是家长要加强自我教育和家庭教育。

教子有方小课堂

家庭教育的首要任务和当务之急不是教育孩子，而是教育父母。没有无师自通、天生家教成功的父母，也没有不需要学习的父母，更没有自然成才的孩子。成功的父母都是不断学习提高的结果。

1. 搞好家长教育

家长教育是指对家长实施的有关家庭生活和教育孩子以及提高自身修养与有效技能的教育。要提高家长素质，就必须加强家长教育。家长教育是提高家庭教育质量的关键，也是密切夫妻关系和亲子关系的良方。

2. 加强子职教育

子职教育指增进子女本分的教育活动，就是教育孩子去了解和学习他做子女应尽的职责。我们要求父母做合格家长，也必须要求孩子做合格子女。对子女来说也有一个是否称职的问题，就是说，为人子女也有一个标准。如何当一个称职的子女？怎样达到合格子女应有的标准？需要家长对孩子进行子职教育。

3. 采用良好的教育方式

良好的教育方式有利于孩子社会化的发展，而不良的教育方式则不利于孩子的社会化，还会影响亲子关系。比较好的教育方式有智慧型、民主型、威信型等，不良的教育方式主要有专制型、溺爱型、放任型、唠叨型等。

4. 重视家庭关系建设

关系大于一切！从上下关系来说，就是尊老爱幼，父母慈儿女孝；从左右关系来讲，就是兄友弟恭，夫唱妇随。家庭成员之间一定要互相尊重，真心投入，彼此平等民主、互相鼓励、互相欣赏、互相支持、互相关爱、互相体谅、有福同享、有难同当。只有这样，大家才会感到身心愉悦。

第二节　婚姻经营与家庭幸福

根据数据分析，31~50岁是丈夫外遇高发年龄段。换句话说，发生婚外情的男性的婚龄大多在7年到20年。这个时期的婚姻已进入厌倦期和熟悉期，也是婚姻的危险期。如果夫妻之间没有对情感进行“及时更新”和精心维护，很容易出现问题。

夫妻关系并不是固定不变的，而是随着时间与婚姻阶段逐渐改变与适应的。婚姻关系的发展大体会经历结婚期、生育期、养育期、离巢期、丧偶期等几个阶段，每个阶段都要面临不同的问题和困难，需要夫妻双方不断调适。如果适应不良，可能引发诸多心理困扰。

创业难，守业更难。某种程度上说，家庭也是一项生活中的事业。从恋爱到婚姻，至组建家庭，仅仅是构筑了人生漫漫长河中的舞台。此后的家庭生活，才是人生的一出大戏。组建家庭可能只需3~5年，但家庭生活却长达30~50年。如此长的时间跨度，经营难度可想而知！

美满婚姻并非天成，婚姻是需要用心经营的，经营婚姻是一门科学，更是一种智慧。真正有智慧的人是双赢的，既能把事业经营得红红火火，又能把婚姻经营得温暖和谐！婚姻经营的目标说白了就是女人要学会做好妻子，男人要做好丈夫。

有一对夫妻是校友，他们在学校相恋，感情一直很好，毕业之后两年，顺理成章就结了婚，每天的日子都是平平淡淡地过着，没有多大的波澜。不知不觉间，他们的婚姻也走到了所谓的“七年之痒”的时间。没想到的是，在这一年，他们的感情还真的发生了危机。前段时间，妻子感觉老公对自己似乎明显地冷淡了许多。丈夫总说工作忙，很辛苦，但妻子却知道，不要说他现在已经是公司的部门领导了，即使是原来的办事员，每天打杂出差的时候，他们之间也不像现在这样冷淡。妻子的闺密们听了诉苦之后，都怀疑老公在外面有了别的女人。虽然一开始妻子也是这样怀疑的，但当听到别人说出这样的话时，她的精神差点崩溃了。那天晚上，当妻子质问老公的时候，丈夫只是不断地说“没有”，而且很不耐烦地说妻子不信任他。本想解释什么，却始终欲言又止。最后老公被问烦了，终于夺门而出，留下妻子一个人在家里哭泣。于是，家庭的平静被打破了，家里不再那么温馨，两口子每天都是板着脸过日子。那时候，他们甚至想到过离婚。

然而，后来的一天，老公儿时最好的朋友来家做客。听到了他们之间的事情之后，有些惊讶地问：“嫂子，你不知道大哥现在的身体很不好吗？可能是工作压力太大了，我不知道他得了什么毛病，但他已经吃了好久的药了。”妻子仿佛一下子惊醒了，晚上和老公聊了好久。原来，老公是得了前列腺炎，又碍于男人的面子不好意思和妻子说，只好偷偷地吃药。妻子埋怨说：“都老夫老妻了，怎么还瞒着我？让咱们这个家都差点被猜忌毁了。”第二天一早，他们就来到医院检查治疗，在医生的悉心治疗下，现在丈夫的状态已经好了很多，他们之间的感情也越来越甜蜜了。

故事说明，夫妻总会发生误会或矛盾，要消除误会或矛盾，主要的解决方式就是保持经常性的沟通。爱人之间要及时沟通，以消除猜疑。古人说：“长相知，不相疑。”反之，不相知，必定会相疑。要相知，夫妻就要经常及时沟通。世界上完全不被误会、不被猜疑的夫妻是没有的，关键是我们要有消除误会和猜疑的能力与办法，那就是经常敞开心扉，推心置腹地进行思想交流，开诚布公地交换看法，弄清事实真相，努力消除误会。沟通要以心搭桥。夫妻之间，本来就应该是心心相通的。只要各自都站在对方的立场上想一想，多想想对方的好处，多体谅对方的难处，共识就形成了，分歧便减少了，理解便形成了，误解便消除了。这就像建桥，你从河左岸搭一根柱子，我在河右岸搭一根柱子，两边都向对方靠拢，心与心的桥梁便建成了。夫妻生活，点点滴滴，误解分歧，在所难免。真实的生活，本来就这样。问题是，矛盾产生了，怎样消除。床头吵架床尾和，是夫妻间消除误解的生动写照。这个“和”，是思想交换，是语言沟通，是感情交流；这个“和”也包含提醒、把关等，因为这是对家庭成员负责任的体现，也是爱的体现。夫妻经常沟通才能增强幸福感。人们追求婚姻幸福，应该是夫妻双方相濡以沫和心灵的依靠。有爱的婚姻才有幸福可言。美满的婚姻，才是家庭稳定幸福的基石！

教子有方小课堂

拥有一个幸福美满的家庭，是每个人的愿望。幸福家庭的夫妻肯定是恩爱的，这是幸福家庭最显著的特征。处理好夫妻关系主要有两个方面：一是如何使夫妻感情不断更新；二是要妥善处理夫妻间的各种矛盾。总的调适原则是周恩来和邓颖超同志倡导的“八互”，即互敬、互爱、互信、互勉、互帮、互让、互谅、互慰。具体来说，应该做到以下几点：

1. 承担责任

家庭成功的关键是时间、精力、精神和感情的投入，这种投入也叫责任心。家庭高于一切。各家庭成员都致力于增进彼此的幸福和快乐，他们都希望家庭能够长久。对幸福的家庭来说，责任和忠诚是紧密相连的，婚外恋被看作是对婚姻最大的威胁。

2. 共度时光

全家人在一起做了些什么并不重要，重要的是，家人一起度过的是一段美好、快乐、放松的时光。这样的时光越多，家庭就会越幸福。

3. 肯定赞美

得到他人的肯定和赞美是人类最基本的需求之一。调查发现，那些家庭幸福的人们，对自己的家庭关系，包括与配偶、孩子和老人的关系，评价很高。他们认为自己的家人彼此相爱，互相理解。

4. 相互交流

心理学家们都知道，有效的交流可以使人产生一种归属感，减轻人的失落感，减缓人的高度危机感，有效的交流意味着消除误解。

5. 精神健康

幸福的家庭在日常生活中践行他们的精神准则，实际上就是身体力行他们所信仰和宣扬的理念，比如诚实、责任心和宽容等价值观，要在日常生活中去践行，不能言行不一，阳奉阴违。

6. 慎处危机

在家里遇到问题和矛盾时，一定要保持理智，不可冲动。冲动不仅不能解决问题，还会使问题变得更糟。

第三节　夫妻关系调适

夫妻关系乃人伦关系之始，夫妻关系虽然不如血缘关系稳定，却是血亲和姻亲的基础和源泉，是家庭生活和谐的主导力量与主要支撑，是家庭伦理、道德建设的重点，是家庭的根柱，是家庭关系的轴心、核心和主体，是家庭稳定和家庭功能得以发挥的基础。没有夫妻关系，自然不会有父子、兄弟姐妹及其他诸种关系。因此，处理好家庭人际关系，首先一定要搞好夫妻关系，夫妻关系的好坏，直接影响到家庭的稳固与幸福。夫妻关系具有平等性、专一性、排他性、统一性等特征。

夫妻关系的表现形式有五种：一是爱情关系。爱情具有自然属性和社会属性，自然属性表现为异性相吸，社会属性表现为异性间有共同的理想、志向、兴趣、情操。现代社会，爱情是人生的一大追求目标，人的身体可以衰老，但是，男女之间的强烈倾慕之情却不会随之枯黄，反而像陈年老酒，历久弥香。二是两性关系。夫妻关系不仅包含爱情关系，还包含两性关系。性爱是婚姻家庭赖以缔结、巩固和发展不可缺少的生理基础。讳言和不重视两性关系是不利于深入剖析和处理好夫妻关系的。三是经济关系。如果说爱情是婚姻家庭的纽带，经济则是家庭的生命线。家庭的建立与发展，家庭任何功能的实现，都要以经济作为支撑点。因而，经济关系是维系家庭和夫妻关系的必要条件。四是互助关系。互助关系是社会主义条件下夫妻关系本质的体现。夫妻既是生活伴侣，更是事业上的志同道合者。这种互助关系正成为社会主义家庭中夫妻间的一种新型关系。五是法律关系。夫妻关系因婚姻而缔结，婚姻成立便产生夫妻间的种种法律关系。例如，夫妻双方都有参加生产、工作、学习和社会活动的自由，一方不得对他方加以限制或者干涉；夫妻对共同所有的财产有平等的处理权；夫妻双方在物质上和生活上有互相扶助、互相供养的义务；夫妻有相互继承遗产的权利等。

孙太太把满满一桌饭菜热了一遍又一遍，那可全都是孙先生爱吃的。然而孙先生早忘了今天是他们结婚5周年的纪念日，在外迟迟不归。原来，孙先生的全部兴奋点都在今晚的足球赛上，那精彩的临门一脚仿佛是他踢的一般。终于，孙太太听到了开门声，这时愤怒的孙太太真想跳起来在他眉飞色舞的脸上打一拳，然后把他赶出去，然而一个声音告诫她："别这样，亲爱的，再忍耐两分钟。"两分钟以后的孙太太，怒气不觉消了许多。"丈夫本来就是那种粗心大意的男人，况且这场球赛又是他盼望已久的。"孙太太不停地安慰自己，然后起身又把饭菜重新热了一遍，并斟上两杯红葡萄酒。依然兴奋的孙先生惊喜地望着丰盛的饭桌："亲爱的，这是为什么?""因为今天是我们的结婚纪念日。"愣了片刻的孙先生抱住孙太太说道："真对不起，今晚我不该去看球。"孙太太笑了，她暗自庆幸几分钟前自己压住了火气，没大发雷霆。

忍让是通向和谐幸福的光明大道。忍让能为我们带来意想不到的收获。忍是一种磨砺，是一种意志力的体现，也是高姿态、有雅量、有修养的表现。在家庭中，夫妻很少有原则性的分歧。这时能以"忍"字为先，不计较，表示谦让，矛盾也就烟消云散了；不然的话，就会激化矛盾。

有爱才有家，人世间的爱，唯有家庭的爱最复杂，也最特殊，酸甜苦辣样样有，千奇百态，芳香各异。高兴是爱，生气也是爱；微笑是爱，哭泣也是爱；担心是爱，吃醋更是爱；夸奖是爱，批评也是爱；团聚是爱，离别也是爱；任劳是爱，任怨更是爱。孝顺、敬重、互助、互让、保护、监护、理解、宽恕、倾听、顺从、原谅、忍耐、思念、牵挂、等待、盼望、希望、恳求等都是爱。爱是幸福家庭之神，人生享受最多、最大、最久的幸福是家庭幸福。正如美国作家爱默生所说："家是父亲的王国，母亲的世界，儿童的乐园。"

在现实生活中，当爱情发展到婚姻的时候，难免会被柴米油盐酱醋茶所淹没，青春渐离渐远，激情岁月不见，浪漫迷雾飘散，绚丽归于平淡，夫妻双方的缺点、毛病越来越明显，真正的考验开始了，于是，"七年之痒"出现了，甚至有些婚姻不到七年就"痒"了。在这种情况下，怎样密切夫妻关系，成了一个十分重要的问题。客观地说，在婚姻的各个时期都要注意感情的培养和调适，只有学会夫妻相处之道，才能使爱情和婚姻保鲜，夫妻才能白头到老。

教子有方小课堂

婚姻是两个人格不同的男女所组成的。这对男女出身于不同的家庭，生长在不同的环境，接受不同的教养，发展不同的人生理想，一旦结婚，生活在一起，朝同餐，晚同衾，长相厮守，时间越长发生的矛盾越多。可见，夫妻关系需要不断地磨合和调适。那么，如何调适夫妻关系呢？或者说，调适夫妻关系，有哪些有效途径呢？

1. 完全接受对方

一方面，要接受对方的性格、习惯、脾气，不要试图改变对方的独特之处。如果当他/她想要改变时，允许他/她改变。这能促进持久的和睦。另一方面，要接受对方的过去，不仅要接受对方本人，还要接受对方的家人和朋友。

2. 夫妻之间要学会相互欣赏

一是当着别人的面夸奖配偶。二是夫妻都要学会赞美对方。赞美是一种最低成本、最高回报的人际交往法宝。这个法宝对谁都适用，夫妻之间亦然。要学会给爱人戴小高帽，不要戴大高帽。因为人人都喜欢恰如其分的赞美，讨厌夸大其词的忽悠。

3. 夫妻之间争吵要讲点儿策略

夫妻生活中的争吵是经常发生的，这里有几点要注意：一是在指出对方缺点之前先说出自己的错误；二是在劝说前先赞美对方。这样，对方比较容易接受。三是知错的一方要主动和解，可以使用破例做事的方法，委婉地向配偶表示歉意，如，从不下厨的你，破例给妻子做一顿可口的饭菜；从不准许丈夫喝酒的你，破例给他买了一瓶酒。当对方看到你为他/她做的事，知道你已经“悔过”了，一肚子的怒气就会烟消云散，笑容就会悄悄浮现。四是夫妻争吵时，当一方发现对方情绪失控时，最好“休战”，采取“冷处理”的方法，等对方情绪平静或好转后再进行商谈。

4. 夫妻之间要把握平衡

第一，人与人之间的平衡。一个家庭，当男人强的时候，更要尊重妻子，克服大男子主义，不要把妻子当佣人使唤，女人不是二等公民；当女人强的时候，不要因为社会地位高，就让丈夫成为“妻管严”，对丈夫呼来喝去，出门让丈夫领着孩子跟在后面，或者对丈夫的朋友不热情。建议：不论男女，在单位是干部的，回家后不要再摆领导架子。第二，人与事之间的平衡。夫妻关系的平等交往表现在家务的共同分担上，夫妻双方主动承担家务的一部分，既有分工，又有合作，是丈夫爱护妻子、妻子体贴丈夫的具体表现。第三，感情分配的平衡。先说女性：一是不要有了孩子就不管丈夫；二是娘家和婆家一视同仁，对双方老人一样孝敬。再说男性：一是继续向老丈人家献殷勤；二是不要娶了媳妇忘了娘。第四，个人时空的平衡。丈夫或者妻子在家庭中要给自己留一个空间，同时也给对方一个空间。不要只给自己自由，不给对方自由。每个人都有隐私，都需要一定的自由，只要不损害夫妻感情和家庭和睦，就不要剥夺对方的自由空间。

5. 男人会“哄”，女人会“捧”

男人要捧，女人要哄，这是两性相处的一种艺术。聪明的女人应该学会用欣赏的目光和话语去开发男人的智商，恰到好处地去捧，最终受益的还是女人自己。男人的哄是女人最好的化妆品，即便是一个脸上已长了皱纹的女人，在男人的怜香惜玉下，也会奇迹般地年轻漂亮起来。当然，男人哄女人不能光靠嘴，还要为妻子爱美投资。

此外，夫妻之间要相互尊重和信任，要学会理解、宽容和包容，要主动体贴对方，要经常沟通，说话要讲究语言艺术，要多读一些有关婚姻和家庭方面的书籍，不要盲目攀比，不要过高要求对方。

第四节　构建良好的亲子关系

家长与孩子之间的关系，构成了孩子无形的生存空间。由于这个空间是看不见摸不着的，所以要有足够的智慧才能维系它的存在和发展。好的亲子关系本身就是好的教育，关系不仅是教育的方式也是教育的内容。如果亲子关系不好，家长会发现很难教育孩子，家长的话，孩子不爱听、不想听；如果亲子关系好，孩子不仅更加配合，而且从这种亲子关系中学会很多，比如平等，如果父母在和孩子相处时既能坚持自己的原则，也尊重孩子的需要，那么孩子就会体验并学会平等待人，将来走出家门，对别人就会不卑不亢，受人尊敬。

亲子关系是由夫妻关系产生的一种最基本的家庭人际关系。亲子关系的好坏决定了孩子的性格和孩子的未来。心理学家认为良好的亲子关系具有以下特征：一是平等和尊重；二是开放和真诚；三是关心和体贴；四是安全感和信任。

小宇的父亲是老师，也是个对人对己要求很严格的人。在家里，小宇的父亲是个有绝对权威的人，母亲性格较温和，因此，在教育孩子方面说不上话，主要是父亲管孩子，父亲的严格要求导致父子关系很紧张。小宇小学时在父亲学校上学，常受同学欺负，他性格内向，没朋友，感到孤单，成绩不太好。父亲感觉很没有面子，常训斥他，就算是在学校受到委屈，父亲也不能理解反而责怪他。次数多了，他对父亲越来越失望，刚开始还能听父亲说教，后来索性与父亲顶嘴，结果，两人的关系越处越僵。

在青少年时期，亲子关系胜过许多教育，甚至决定孩子学业的成败。据研究，如果孩子在12岁之前没有和父母建立很亲密的亲子依恋，那么孩子一生的安全感和幸福感很难建立，尤其是6岁之前，如果父母没有付出足够的精力陪孩子，亲子之间很难再建立起足够的信任和依赖。

亲子关系直接影响子女的生理健康、行为态度、价值观念及未来成就。良好的亲子关系是亲子教育的基础，只有在关系和谐的状态下，孩子才会尊重父母，接受父母的教育。亲子关系不和谐，孩子逆反、不听话，父母再多的知识、经验、智慧都无法传授给孩子。可以说，没有良好的亲子关系，就没有教育。

进入青春期的孩子，心理已经发生了很大变化，希望父母把他们当成大人看，而许多家长的教育观念和教育方式却停留在孩子的少儿期，还在沿用以前的方式，诸如采用说教、唠叨、命令、严管等教育方式，并且从没想过这种方式有什么不妥。正因为家长缺少反思，所以才会认为问题出在孩子身上；正因为教育思维的惯性，所以家长才用不变的教育观念和方式去应对变化中的孩子，致使越来越多的家庭发生了亲子间的矛盾和冲突，越来越多的孩子叛逆。

教子有方小课堂

好的教育是让自己的教育方式适应孩子，而不是让孩子来适应你的教育方式。不要以为以前的教育方式就是正确的，那是因为孩子还太小，处于弱势，没有拒绝的权利和抗拒的能力。到了青春期，孩子开始敢于对家长说“不”，敢于“抗旨”，而家长也开始变得困惑、生气、抱怨、伤心……所以，家长要改变自己的教育方式以适应成长中的孩子，要调整亲子之间的关系以缓和亲子间的冲突。

1. 变说教为身教

说教的态度是居高临下的，说教的前提是把自己的话当真理，孩子必须听，但实际上许多孩子很反感父母的说教。比说教更有力的是身教。身教能够起到榜样和示范作用，要身体力行，做给孩子看，而不是喋喋不休地说给孩子听。所以不要把温馨的家庭变成天天说教的课堂，多说不如多做，做出好样子给孩子看是最好的教育。

2. 变命令为商量

家长小时候所接受的家庭教育大都有专制色彩，由于教育具有传承性，一个人从孩子摇身一变成为父母后也同样习惯对孩子用命令句。面对处于强势的家长，处于弱势的孩子，不得不听。但青春期的时候，孩子不再惧于家长的威慑，对这种带有强制性的命令开始阳奉阴违，或公开反抗。如果换成商量的方式，用温和的口气和孩子说话，效果就不一样了，商量和建议更容易让孩子接受。

3. 变否定为肯定

有些家长总是无意中用否定句来否定孩子，说孩子不聪明，孩子不乖，孩子不诚实等。这样的负面标签会让孩子感到自己不好，成人的否定会变成自己对自己的否定。反正我不好，干脆破罐子破摔！我就“不好”给你看，看你怎么办！孩子是不可能不犯错误的，也不可能没有一点缺点，但孩子同样有好的一面，家长何不忽略孩子不好的一面，抓好的一面给予肯定呢？比如考试时有五道题孩子只做对两道，那么就忽略做错的那三道，肯定做对的两道，增强他的信心，让他看到希望。这样，孩子会在家长不断的肯定、表扬、欣赏中朝着好的一面发展。

4. 变唠叨为关爱

恐怕没有哪个家长不对孩子唠叨，有的是无意识唠叨，有的是明知唠叨不好又控制不住要唠叨，这种习惯性的唠叨，对孩子来说是一种灾难。其实语言的效力是有限的，身体语言与爱的行为同样重要。青春期的孩子反感家长的原因之一就是他感受不到父母的爱，因为这种爱被没完没了的唠叨、指责、说教给割断了。这个时候，家长如果试着把自己的心态放回孩子两三岁的时候，让自己重温那个时候的母爱，那么，相信家长这种无条件的爱足以软化孩子与你的对立。

5. 变管制为放手

在家长眼里，孩子是永远长不大的，需要严厉管制，殊不知，这样的管制反而让孩子失去了责任感，把自己的成长交给了家长；同样，这样的管制使孩子的自制力无从培养。于是家长一旦不管，孩子便如脱了缰的野马。为了挣脱束缚，寻求自我空间，孩子就会和家长对抗。所以，家长该放手时要放手，教会孩子去为自己负责，该信任的时候要信任，给孩子锻炼的机会，这样才能让孩子在体验中成长。

6. 变主角为配角

孩子小的时候，家长要站在孩子的前面大喊“跟我来!”而不要站在孩子身后喊“给我冲!”随着孩子年龄的增长，家长要说“一起走”，与孩子共同成长。孩子大的时候，家长要站在孩子的身后，跟随着孩子，看着孩子走，只需关键的时候扶一把。也就是说，父母要从“演员”变为“导演”，让孩子上台主演。这个让位很重要，是让给了尊重、民主、平等、信任，是给孩子让出了成长的空间，给孩子自主的、选择的权利，同时也赋予孩子以责任。如果不这样让位，孩子要么长不大，要么为了自身成长的需要，用叛逆、对立来表示抗议。

第五节　二孩家庭关系的调适

2016年1月1日，全面二孩政策正式落地，与此同时，在中国实施了30多年的独生子女政策宣告终结。中共中央政治局2021年5月31日召开会议，决定进一步优化生育政策，实施一对夫妻可以生育三个子女政策及配套支持措施，有利于改善我国人口结构、落实积极应对人口老龄化国家战略、保持我国人力资源禀赋优势。随着三孩政策的落实，以后的家庭关系变得更为复杂。我们研究二孩家庭的指导策略，可以为三孩家庭提供一些参考和借鉴。

二孩政策时代，很多家庭面临全新的教育模式。一个新出生的孩子，不仅仅会对父母的经济和生活产生影响，也会对家里原来的孩子产生很多影响。对不少“老大”来说，自己一直以来是家庭关注的“中心”，却突然被迫“让位”给老二，难免有“失宠”的低落、嫉妒和敌意。而父母们也坦言，生了老二，不仅生活和经济压力变大，还遭遇了“情感分配”的难题。

“老大对二孩充满敌意”这种状况，其实是一种心理疾病，在心理学上叫“同胞竞争障碍”，意思是同胞兄弟姐妹之间有潜在的比较或者竞争的关系，它是指老大随着弟弟或妹妹的出生，表现出某种程度的情绪紊乱，多数情况下情绪紊乱比较轻，但竞争和嫉妒比较持久，常有某种程度的退化，如丧失以前已学到的技能并有行为幼稚化倾向。

为了应对老大随时挂在嘴边的“不公平”，琴欣只得采取最原始的“公平方式”：什么东西都买两样，哪怕是老大根本不会玩的玩具。即使这样，还是没能堵住老大的嘴，“凭什么你抱她不抱我？凭什么她可以跟你睡，而我却不能……”

“我们老家有句俗话，叫‘只愁生不愁养’，现在这句话倒过来了。”琴欣感慨地说，现在物质条件好了，医疗技术发达，生个孩子并不是那么困难，反倒是教育孩子，是她最头痛的，“一个都教不好，两个咋办？”琴欣是独生子女，她刚刚生下老二时，老大还是挺欢喜的，觉得自己有个妹妹了，但没过多久，问题就来了。

琴欣说，他们夫妇对孩子比较严格，只有老大时，吃饭、穿衣等都要求她独立完成，之前老大都能按照要求完成，但妹妹一出生，情况就变了，刚开始是“说我们不陪她”，后来发展到任何事情都要和妹妹比，大人喂妹妹饭，她看到后说自己手不舒服，也要大人喂。到现在，她什么事都觉得不公平。为了缓和矛盾，家长连玩具都买双份。

故事反映的情况具有普遍性。应当说，二孩家庭对孩子的成长是有积极意义的，但如果引导不好，势必适得其反。孩子之间有比较和竞争是必然的，关键是父母要妥善平衡其中的关系。

老二出生，很自然会吸引父母更多的注意力，老大就会有一种被忽视的感觉，还会做出很多事情，以引起父母的注意。同时，老二虽然吸引了父母所有的注意力，但是他毕竟是作为第二个孩子在家庭出现，其实他已经没有办法享受老大那样百分之百的爱了，这时候父母能够平等地对待两个孩子，对两个孩子会更好。

在很多二孩家庭中，老大对二孩一直是有“敌意”的，怎样处理好两个孩子之间的关系，主要看父母怎么引导。父母不要冷落老大，要给老大安全感，要安抚老大的争宠心理，让两个孩子建立亲密友好关系，提升老大的责任感。

教子有方小课堂

有很多父母焦虑孩子难管，关系复杂的二孩家庭或再婚家庭中的父母更是为此头痛不已。表面上看是孩子的问题，实际是父母出了问题，沟通出了问题。所以，家长必须做好教育准备，不断提升教育能力。

1. 提前给孩子“打预防针”

当决定孕育第二个孩子的时候，父母就要与老大沟通，让他感受到被尊重，对老二充满爱心和期待，同时意识到家里多一位新成员是一件让人十分开心的事，他将要多一位可以一起玩耍和分享的弟弟或妹妹。

2. 坚定表达对老大的爱

父母要真心地向老大表达爱，承诺不会因为老二的出生减少对老大的爱。同时，告诉老大弟弟或妹妹出生后会像老大小时候一样需要爸妈用更多时间照顾，当爸妈在照顾好弟弟或妹妹时，会单独陪老大。

3. 赋予老大责任

父母可以对老大说，你永远是家中老大，弟妹会尊重你，同时，爸妈需要你照顾并保护弟妹。二孩家庭，两个孩子会相互模仿、相互影响，特别是老二，除了模仿父母之外，模仿最多的应该就是老大的行为。所以要积极引导老大树立榜样的力量。

4. 爸妈的爱要适当分配

小宝宝可能更需要照顾，但请记住一定不能忽略老大的情绪和情感需求。两个孩子如何相处，关键看家长如何引导，家长公平对待两个孩子，不给老大造成情绪的丧失感，就不容易导致孩子间的矛盾对立。在二孩出生后，爸爸或妈妈至少有一个人要把主要精力放在老大身上，因为这个过渡期对老大的心理挑战特别大。

5. 一定不能比较

不能对老二说你要像哥哥、姐姐一样，或者对老大说你都不如弟弟、妹妹。心理学里有一个非常有趣的研究——将不一样的人进行比较，对孩子的伤害非常大，还会令他讨厌对方。

第六节　祖孙关系的调适

祖孙关系是指祖父母与孙子女、外祖父母与外孙子女之间的关系，是建立在血缘基础上的一种亲属关系，是父母的上一辈和父母的下一辈的关系的一种称谓。这种血缘关系使祖孙之间建立亲密关系成为可能。加上祖父母又能从孙子女身上重温自己的整个人生经历，感受到生命延续的快乐，从而得到精神上的满足，于是他们之间的关系就可以更为融洽。与此同时，祖父母对孙子女没有直接的抚养责任，他们对不断成长着的孙子女具有和父母有所不同的，而且不能给予的影响。因此，祖父母是家庭教育不可缺少的教育力量。但是，由于祖孙关系没有亲子关系那样直接，又通常被当作属于传统家庭问题的一种家庭关系，因此无论是在教育学研究领域还是在社会学研究领域，都较少论及这一问题。而实际的情况是：在现代社会，祖孙关系已成为现代家庭中一种重要的家庭关系，并在教育下一代的过程中起着极其重要的作用。

祖孙关系是现代家庭中一种重要的家庭关系。这是因为：一方面，现代社会人的平均寿命在延长，一般已超过 70 岁。在孩子可塑性最强的阶段，祖父母都有可能给予他们巨大的影响。另一方面，我国实行计划生育政策而产生的独生子女现象使得兄弟姐妹和堂表兄弟姐妹等横向家庭关系在缩小，寿命延长又扩展了祖孙等纵向的家庭关系。这样，祖孙关系由扩散型向凝聚型变化，原来那种一对祖父母与许多孙子女结成祖孙关系的现象已转化为一对祖父母只与少数孙子女结成祖孙关系，随着祖父母寿命的延长，这种祖孙关系持续的时间也延长了，这使祖父母对孙子女的影响更加深入、长久。

祖孙之间具有法律关系。第一，有负担能力的祖父母、外祖父母对于父母已经死亡的未成年孙子女、外孙子女，有抚养的义务。第二，有负担能力的孙子女、外孙子女，对于子女已经死亡的祖父母、外祖父母，有赡养义务。此外，对子女虽未全部死亡但生存的子女确无赡养能力的祖父母、外祖父母，孙子女也应予以赡养。第三，祖孙之间的继承关系，在没有第一顺序继承人时，祖父母、外祖父母可以继承孙子女的遗产；孙子女、外孙子女，在其父母先于祖父母、外祖父母死亡时，可以代位继承祖父母、外祖父母的遗产。

一位爷爷在博客里写下自己带孙子孙女的心情。一天再劳累，只要见到我的孙子、孙女，所有的疲乏、所有的烦恼都被抛到了九霄云外。每次下班回家快到家门口的时候，孙子、孙女都会争先恐后地跑过来，拉着我“爷爷、爷爷”地叫着，孩子那甜甜的、带有稚气的声音让人感到心花怒放。进到屋里，这个让你讲故事，那个让你陪她玩。有时两个人还会为了争爷爷打起来，这个说是我爷爷，那个说是她爷爷。我被孩子的天真、稚气所感染，仿佛自己也年轻了许多。每天与两个可爱的孩子一起玩耍，用孩子般的语言一起沟通，一种童心、一种纯洁、一种无忧无虑、一种不知世上还有烦恼的感觉油然而生。这就是我的天伦之乐。

祖孙之间具有血亲关系。人们常说“隔代亲”。的确，祖父母、外祖父母很少有不疼爱自己的孙子孙女的。由于隔代人各自的特点，祖孙关系素来亲密。在现代家庭中，祖孙之间的亲密关系常常成为联络三代人感情的重要纽带。

祖孙之间还存在一种互助关系，它对减轻家庭和社会的负担起到了重要作用。在许多家庭里，料理家务、照顾孩子等问题成为青年夫妇的负担。于是，祖辈人承担起了这个任务。

祖孙关系的类型主要有：一是正式型。祖父母对孙子女十分关心、爱护，但不干预亲子关系，偶尔只在父母需要的时候才提供帮助。二是寻乐型。祖父母将孙子女看作是自己寻找乐趣、消除孤独感的对象，而且由于他们不摆架子，使祖孙在交往的过程中都能得到快乐。三是智慧型。祖父母不厌其烦地将知识传授给孙子女，他们是孩子知识的重要来源。四是代替父母型。祖父母承担了养育孙子女的重担，照顾他们的日常生活学习。

五是保持距离型。祖父母与孙子女一般不接触，只有在家庭成员必须聚在一起时才偶尔相见。

教子有方小课堂

祖父母要认清，孙辈不是自己感情赖以寄托的私有物，而自己也不是第三代的保护人。为了使孩子们健康成长，在三代同堂的家庭中，应以第二代人为核心。上有父母下有子女的中年夫妇，有既要尊重老年父母，又要负起教养下一代的责任，把子女推给祖父母是不对的，祖父母争夺孙辈也是不对的。祖辈应当与父辈一致地对待孙辈，不要放纵，不要娇惯，使孩子们察觉不到父母和祖父母之间的情感差距，会有助于他们情绪的成熟与稳定。当父母和子女发生矛盾冲突时，祖父母主要起协调缓和作用，要维护第二代的尊严，树立父母威信，在第三代心中树立起祖父母既慈祥而又有原则的形象，是十分重要的。

心理学家提供一些给父母的建议，帮助父母减少三代冲突，并增进祖孙良好的关系：

（1）建立三代开放和坦诚的沟通关系。表达自己的需要和关心，委婉地说出自己喜欢或不喜欢的事。

（2）决定什么问题对自己是重要的，什么是自己可以忽视的。

（3）不要企图让自己的父母做他们不想做的事情，找出他们身为祖父母想做的事。不要让祖父母照顾子女的负担太重，除非他们愿意，不要勉强他们当保姆。鼓励他们有机会与孩子分享快乐时光。

（4）假如与祖父母分住，知道祖父母有特殊的习惯或家庭规范，在拜访前先告诉孩子。

（5）事前给祖父母一些孩子需要的东西，以供他们在孩子生日或特别庆祝日时作为送礼物的参考。

（6）以积极的态度创造祖孙三代相处的机会。

（7）如果与祖父母住得较远，定期拜访和打电话给他们，鼓励祖孙之间常互相通信。

（8）如果还有其他难解决的问题，可求助于心理辅导机构的人员。

第八章　家庭中的家长教育

现代教育教学理论都认识到，要教育好学生，首先要教育好教师。那么，由此推论，在家庭教育中，要教育好孩子首先要教育好家长。无数事实证明，没有提升家长的素养，就想提升孩子的素养和家庭教育水平，那是根本不可能的事情。

家长教育的主要目的是使家庭中的长辈具备教育后代的水平和技能，使其称职。如同各种工作需要接受专业学习和职业培训，家长也需要学习，需要接受教育。家长教育与家庭教育联系紧密，是家庭教育的主体内容，与家庭教育既有相似点，又有不同处。

家长对孩子的教育影响是最直接的。家长正，儿女易行善；家长邪，儿女易行恶；家长民主，儿女易生平等之心；家长独断，儿女易生蛮横之念；家长仁慈，儿女易学会博爱；家长暴戾，儿女易学会残忍。总之，家长是孩子的镜子，孩子是家长的影子。

第一节　家长需要自我觉察

自我觉察是指个人知道、了解、反省、思考自己在情绪、行为、想法、人际关系及个人特质等方面的状况、变化及发生的原因，是清晰地认识自我的意愿和能力。这种意愿和能力包括了解我们自己是什么样的人以及别人验证的我们是怎样的。自我觉察是21世纪最重要的生存技能之一。研究表明，对自己有清晰、准确认识的人，能够做出更明智的决策，建设更优质的、令人满意的亲密关系和职业关系，有更好的职业发展，并且更加自信。自我觉察不仅是自己看自己的此时此刻的“状态”，更涉及一个人文化背景熏陶、社会变迁的影响、家庭的结构与家人互动模式及个人遗传特质等因素交互影响的结果，更能对一个人的情绪、行为、信念、价值观等方面有深入与完整的了解。一个懂得时时自我省察的人，不但本身可以处世无患，还可以有利于他人。

自我觉察是自我成长的基础，没有自我觉察就无法认识自我，也就无法发现自我需要成长的点，自我成长也就无从说起。自我觉察不仅是自我了解的前提，更是自我发展的前提。无论要学成任何技艺，做好任何事情，都只有经过自我觉察、自我反省，才可能有所成就。通过长期的自我觉察，养成习惯，从心智层面逐渐培养出一个独立观察员，并不是去观察外面的世界，而是要审视我们自己的内心。通过自我觉察，我们把自己从根深蒂固的行为模式中解脱出来，开始身心的转变。没有一种外来的批评能像我们自己简单的自我审视这样奏效，这样具有穿透力。

自我觉察是一种能力，从大的方面来说是觉察自己是谁、能做什么、不能做什么、该去哪里；从小的方面来说是觉察一件事做得好不好，有何不妥之处等。觉察是个人成长重要的内在因素。

有一个父亲，他是医生，工作一直很忙，他的儿子读初中的时候，成绩很不好，班上倒数，眼看着考高中都成问题，又赶上叛逆期，拒绝和家长沟通，家里天天鸡飞狗跳。可是这个爸爸觉得孩子这样，是因为自己和孩子的沟通方式有问题，他走不进孩子的内心。于是这个爸爸报名参加了一个心理学研修班，每天晚上学习心理学知识。随着爸爸的调整，孩子的状态慢慢好起来，和父母的关系也慢慢好起来，最终考上了心仪的大学。

这位父亲很善于自我觉察，他把孩子的问题看作自己的问题，从自己身上找原因，然后采取措施（学习进修），最终取得良好效果。可见，家庭教育，需要有觉察力的父母！教育孩子的关键是家长的自我觉察，家长有了自我觉察的能力，才能透过孩子的行为找到孩子行为背后折射出的家长身上的问题和根源，这样，才可能不强行地改变孩子而是改变自己。

我们来看家庭教育中常见的一些现象：有的家长抱怨读育儿书越多困惑也越多，弄得自己毫无主见，不知哪个专家说的是对的；有的家长总是把自己的想法强加在孩子身上，从没问过孩子的意愿和感受；有的家长絮絮叨叨，一件事情翻来覆去地说，很怕孩子记不住；有的家长一看到孩子拿着手机就是一通指责，甚至做出更过激的行为；有的家长一旦看到孩子做作业拖沓，或者考试成绩不理想，就会冲着孩子发火，甚至打骂孩子；有的家长感觉已经付出自己的所有时间、金钱、心力，换来的却不是孩子的进步，而是内心的焦虑不安、疲惫……这些例子虽然表现不一，但都说明一个问题，那就是这些家长不能反观自己，却怪在客观因素上，都缺少自我觉察，没有找到事物的本质原因，这就使得他们失去了一次次自我成长的机会。在家庭教育中，许多家长眼里都是孩子的问题，却对自己的问题视而不见。如果家长认为自己有个有问题的小孩，那就一定先反过来，从自己身上寻找问题的根源。

教子有方小课堂

家庭教育的本质是父母的自我修行。家长的自我觉察是自我修行的开端。家长要勇于去改变，学会运用成长型思维去看待问题，觉察自己，学会悦纳，不断成长。

1. 自我接纳

自我接纳，就是家长接纳自己的过去，接纳自己的现实。家长的自我接纳是无条件接纳孩子的前提。父母只有有勇气去正视并接纳自己的不完美，才可能真正去理解每个人都有自己生命的局限，而不再苛求孩子完美，从而对孩子多一分尊重和理解。

2. 改变叙事方式

研究发现，自我觉察能力强的人，在讲述生命中的重大事件时会采用更复杂的叙事方式——他们更愿意从不同的观点来描述这些事情，包括对事件的不同的、多样的解释；更深层的心理层面发生了什么；自己在事件发生时感受到的各种情绪。

3. 实践探索

实践经历是自我察觉的最好素材。如果一个人的经历太少，对自我的认识也很难清晰。社会学习理论也告诉我们，通过实践经验，我们会形成自我主观推论和世界主观推论的能力，也就是形成对自己和社会的正确判断力。

4. 反躬自省

自省是自我成长的开始，家长在反躬自省时会发现，孩子的问题没有一样不是父母直接或间接造成的。教育子女，一定是先从诚实地面对家长自己开始的。只有当教育的方向指向内在时，教育的作用才能彰显。

5.360 度反馈（外部自我觉察）

为了获得一个更全面、准确的他人眼中的自我形象，家长需要了解生活中各方面的人对自己的看法，包括伴侣、朋友、亲人、同事等，因为我们每个人对自己的认知都是不完整的。

第二节　家长教育的指导模式

随着家庭形式的多元化，家长教育也相应地发生了许多变化，新时代需要我们进一步深入研究、探索家长教育的新规律、新机制、新形式、新途径，构建家长教育新模式、新体系，促进中国家庭教育上新水平。一般来说，家长教育没有固定的模式，最重要的是家长教育指导者和家长本身要结合现实情况和家庭的实际，构建家长教育指导服务体系和家长自我教育机制，走出一条让家长和孩子都得到最佳发展的家长教育特色之路。

模式是指某种事物的标准形式或使人可以照着做的标准样式，是从生产经验和生活经验中经过抽象和升华提炼出来的知识体系，也是一种认识论意义上确定的思维方式。教育模式是教育在一定社会条件下形成的具体样式。家长教育模式就是家长教育的标准形式或可以参照的标准样式。

淄博高新区第一中学开展“菜单式”家长沙龙活动。“孩子的话越来越听不懂了”“我一看孩子在玩游戏听音乐就火冒三丈，控制不住自己的情绪，就想往孩子身上动手”“现在感觉孩子离我越来越远，怎么办”……为了解决家长们的困惑，提升家庭教育的质量，淄博高新区第一中学举办了家长沙龙活动。

学校家庭教育宣讲团精心准备了“孩子的话，你听懂了吗”“如何做情绪平和的父母”“亲子阅读，共读共成长”三道“大餐”。家长们根据自身家庭情况，自主选择，自由“点餐”。

活动得到了家长们的大力支持，共有一百多位家长踊跃报名参加了此次沙龙活动。李文光老师、王静静老师、王瑞老师分别主持不同会场。他们从学生具体案例导入，以幽默风趣的讲解风格，从家长、学生的角度，结合孩子的年龄特点等给家长们进行了切实有用的指导。

真正的家庭教育是无痕的教育，是环境的教育，是父母身体力行的教育。家长们普遍表示，本次家长沙龙活动令他们获益匪浅。此次沙龙活动让他们懂得了打造良好的家庭环境，营造一个有着浓厚书香气的家庭氛围，在和孩子沟通中控制自己的情绪的重要性，并表示要学以致用，给孩子做出榜样！

“菜单式”家长指导是把指导单位——学校当成“饭店”，把校长当成“老板”，把指导者当成“厨师”，把家长当成“顾客”，把指导专题当成“菜单”，把指导内容当成“菜”。“菜单式”指导就是让“顾客”根据自己的“胃口”和“菜单”进行“点菜”，从而满足自我需求的一种家长教育指导模式。它融培训、咨询、宣传等于一体，把教育、沟通、协作、尊重几项要素有机结合在一起，为家长提供有针对性的服务。

“菜单式”家长教育指导模式是相对于传统封闭的家长指导模式而言的，即指在现代教学理论指导下，坚持“以人为本”的原则，在家长指导过程中突出家长的主体地位，创设开放性的环境，提供多元化、个性化的指导内容和组织形式，使家长积极主动地参与学习和活动，最大限度地满足家长的需要，以达到多方互动、共同提高的指导效果。“菜单式”指导说白了就是把“点菜”的权利交给家长，他喜欢啥“菜”就点啥“菜”，点完再做。

与“菜单式”相近的指导模式是“超市式”，超市式是指在家长教育指导过程中利用多个场所同时开展不同内容的培训，家长可以像进超市一样，根据自己的实际需要，自主地、有针对性地选择最感兴趣或者最迷茫的问题去相关教室参加活动。“超市式”指导就是把学校当作“超市”，把家长当作“购物人”，把指导内容当作“商品”，家长进“超市”后想“买”啥就“选”啥。“家长教育超市”不是生活用品超市，而是教子智慧的天地。

“菜单式”指导需要学校根据学生的年龄层次和家长的实际需求，通过提前问卷调查或召开座谈会等形式摸底，罗列出各年级家长教育指导的专题，即“菜单”，在此基础上再安排“厨师”“做菜”。“厨师”主要是学校的专业教师和家长志愿者组成的指导者队伍，也可以是从校外邀请的专家。

比较常用的家长指导模式还有很多种，如媒介传播式，包括刊授指导、校报宣传、网络指导等；再如活动指导式，包括家访活动、讲座报告、专题研讨、经验交流、案例分析等。

教子有方小课堂

家长教育指导可以分为个别指导和集体指导。家长具有不同的文化层次、不同的家庭背景、不同的教育观念等，不能采取一刀切的做法，由于众口难调，“个性化指导”成为家庭教育指导服务的趋势。集体指导是指学校或指导机构组织的、面对众多家长、围绕家长在家庭教育中存在的共性问题开展培训的一种家庭教育指导服务形式。无论是个别指导，还是集体指导，也无论采取什么样的模式，都必须有好的方法。现介绍几种常用的家长教育方法。

1. 联合家教

联合家教（也可称互助家教）是将几个年龄相同或相近的孩子的家庭联合起来，让孩子们定期到家长具有某方面特长的家庭中去学习知识、技能，由这些家长担当起家庭教师的重任。换言之，联合家教是一种由家长自发组织起来的“家庭教育联合体”。这种教育方式还发生了一些形式上的变化，两家或几家除了联合教育孩子外，还共同出资聘请家教。联合家教不但能够培养孩子的交往能力、提升学习效果，还可以通过家长的相互学习提升教育水平。

2. 咨询辅导

咨询是由家长（包括准家长）提出家庭教育实践中的疑难问题，由特邀的专业人员给予解答，进行个别辅导。这种咨询活动，有的是在固定地点设立专门的咨询站，随时接待来访的对象；有的是在节假日，在城乡繁华的地方，在集市或集会临时设点开展咨询活动。咨询辅导因为其形式灵活，便于家长接受指导，日益受到欢迎。

3. 家访校访

家访是对家长进行个别指导的一种常用的有效方式，主要是解决个别青少年的家庭教育问题。学校的老师和领导、共青团和少先队干部、民警、妇联干部、社区工作者等都可以采取这种方式进行家教指导。校访就是家长访问学校，这是家长关心孩子、提升自我的有效途径。

4. 家长沙龙

定期举行家长论坛和家长沙龙，每次确定不同的主题，邀请对本主题颇有心得的家长作主题发言，其余家长提问、参与讨论，提出自己的见解，发表不同意见。这样可以为家长提供一个树立榜样、展示自我、介绍成功经验的机会，更为家长提供一个反思家庭教育、学习先进经验、提高能力的平台。

第三节　做一个有教育能力的家长

教育能力是指教育者完成一定的教育教学活动的本领，具体表现为完成一定教学活动的方式、方法和效率。

作为家长，起码要提高两个能力：

第一，要提高家庭教育的能力。教育孩子是充满艺术的工作，并不是具有良好的愿望就能够奏效的。家长的教育能力决定了家庭教育的水平，懂得教育艺术和不懂教育艺术的家长教育孩子的结果大不一样。在现实生活中，不会有天赋、秉性完全相同的孩子，当然也没有完全相同的家长。每位家长在对子女进行教育时，所面临的环境、条件、对象都是千差万别的，采取的方式方法也是不同的，即使同样的方法，也不可能适用于所有的孩子。因此，研究出适合孩子的教育技巧，把握随机性、讲究科学性、具有创造性，才可称为具有教育能力。

第二，要提高参与学校教育的能力。就我国家长参与教育的现实情况来看，还存在许多问题：一是不少家长缺乏参与学校教育的意识，没有认识到参与是自己的权利和义务。二是家长参与的途径单一，层次较低，如参加家长会、听课、听讲座、参加班级活动、建立家校联系册等，尚未达到参与学校教学、科研、管理和决策的层次，家长只是听众和观众，参与效果不是很明显。三是一些家长参与热情有余而能力不足。要实现家长从支持者向参与者、管理者和决策者的转变，一方面要加强对家长的培训，抓好家长教育一环；另一方面，也是更为重要的方面，就是家长自身要不断提高文化程度、教育水平和参与能力。

在某一个林场，老板给一个伐木工人一把利斧，他第一天砍了 18 棵树，老板说："不错，就这么干！"工人很受鼓舞。第二天，他干得更加起劲，但是只砍了 15 棵树。第三天，他加倍努力，可是只砍了 10 棵树。工人觉得很惭愧，跑去跟老板道歉，说自己也不知怎么回事，好像力气越来越小了。老板问他："你上一次磨斧头是什么时候？""磨斧头？"工人诧异地说，"我天天忙着砍树，哪有工夫磨斧头？"

故事的寓意是如何才能使劳动效率提高，"磨刀不误砍柴工"。在家庭教育中，家长不能一味地认为多努力、多付出，效率就会提高。很明显，所有的家长都需要"磨刀"，提高能力就是磨刀，刀磨得锋利才能提高砍柴效率。从长远来看，家长经常"磨刀"能使家庭教育做得更好，更有成效。家长只凭原来在学校获得的知识和祖传的教育经验来教育当今的下一代是远远不够的，也是不可能成功的。因此，家长要想取得家庭教育的成功，提高教育质量，就必须“磨好自己这把刀”，不断提高各方面的能力。

家庭教育是一门综合性很强的艺术，又是一项异常繁重的塑造工程。它不仅要求家长有各方面的知识和见识，而且要求家长懂得怎么样更好地调动孩子的积极性，让孩子在求知、交友、处世、自我修养等方面获得良好素养，还要促使他们把潜力完全发挥出来。这实质上提出了一个如何提升家长教育能力的问题。家长要提高的能力很多，主要有：良好的语言表达能力，洞察力，管理能力，履职能力，分析判断和解决问题的能力，保护孩子安全的能力，获取、筛选、整合信息的能力，人生规划设计能力，组织能力，交往能力，沟通能力，研究能力，评价能力，创新能力等。总之，家长要提高综合能力。

教子有方小课堂

每一位父母都在按照自己的意图教育孩子，但是，不是所有的父母都能掌握教育的艺术。掌握教育的艺术，提高教育能力需要付出巨大的劳动。只有在长期的教育实践中注意学习、总结、积累，才能不断提高教育能力。

1. 读书自学

家长可以先选择一些家庭教育、儿童心理与教育方面的通俗读物，包括教育方面的报纸或杂志，进行入门学习，然后选择一些程度较深一点的心理学、教育学、生理学、社会学之类的教材或专著阅读，尤其以多读家庭教育杂志、报纸为好。

2. 参加培训

家长可以参加家长学校，包括网上家长学校或家长函授学校学习，系统地收听家教广播和收看电视讲座。

3. 参加活动

一方面，家长要积极参加社会—学校—家庭三位一体的协调教育活动，特别是积极参加学校组织的家长座谈会、家长经验交流会等活动；另一方面，利用邻里、亲友、同事的互访，有意识地交流家教经验，讨论某些具体问题或特殊问题，探索教育艺术，取长补短，共同提高。

4. 实践积累

教子成才是家长所面临的终身课题，家教无时无刻不在进行之中，实践的机会不少。家长应该在家教实践中自觉地运用教育理论，有意识地反思教育过程，积累经验，总结教训，探索规律，不断提高自身的理论修养和教育能力。

第四节　做一个学习型家长

学习从来就不只是孩子的事情，家长更应该学习！父母要努力学习，丰富知识。现在的子女成长在国际国内形势深刻变化的时代，面临着新的技术革命的挑战，遇到的新情况、新问题多。孩子对英语、网络、文学、美术、音乐、舞蹈、体育、科技等方面的需求也日益增长。这就要求父母与时俱进，不断学习，充实和更新自己各方面的知识。要学政治、学经济、学文化、学科技、学历史，还要学教育学、心理学等方面的知识。我们当然不能要求父母什么都懂，什么都精，但如今是个终身学习的时代，努力成为学习型父母，应该说是为人父母的基本要求。

做学习型家长，并不是说家长要成为家庭教育的专业人员或专家，也没有必要掌握非常正规、非常系统的家庭教育知识，没有必要记许多专业名词。家庭是最早的学校，父母是孩子的第一任老师，要求孩子爱学习，家长首先自己要爱学习，给孩子做出榜样。同时，要做研究型家长。做一名学习型家长，还必须有一种研究的态度，就是对孩子的各种行为以及出现的问题，都先问一个为什么，问问孩子的感受，而不急于判断是非，更不急于严加管理。学习型家长就是研究型家长，而研究型家长一定不会对孩子的行为轻易做出结论。没有研究的态度，是无法成为学习型家长的。做一个学习型家长，就可以成为智慧的父母，每一对父母都来学习提升自己，就可以成为优秀的家长，就可以培养出优秀的孩子。

女儿在上小学时，学习成绩还令人满意，进了中学，竟居班级中下水平。我感到问题严重，立刻采取一系列措施：扔掉了孩子所有的玩具，没收所有与目前学习无关的书，掐掉电视机天线，电话停机，请家教，同时威逼利诱。可以说，该用的和不该用的办法都试过了，曾一度使整个家庭笼罩在灰色之中，到头来，没有多大起色。

经过一段时间的思考，我想："教育孩子只靠动嘴是不行的，得有一定的行为做表率，要想方设法给她树立一个学习的榜样。"在这样的心态驱使下，我下决心参加今年的成人高考。第二天，我从单位抱回一大摞高考复习资料，从此走上了艰苦的复习之路。

半年后，当女儿看到我拿到的大学录取通知书时，眼中立刻放出异样的光彩，高兴得大声喊：“妈妈，快来看，我爸爸考上了，我爸爸考上了。看！这是录取通知书。”通知书上虽然没有几个字，但她们母女看了好长时间。这时女儿对我说：“爸爸，您终于成功了，您真棒！”我笑了笑说：“你这个小老师指导得也很棒！”女儿听后腼腆地笑了。我接着说：“如果没有你妈妈的支持和鼓励，也不会有今天的成功，这是咱们全家人齐心协力的结果。通知书是我的，成绩是全家的。”说完，我在通知书上写下了“无论做什么事情，只要你努力了，一定能行！”说完，我对女儿继续说：“我通过这一阶段的努力学习，证明了通知书上这句话的道理。从现在起，你就是这张通知书的主人了，希望你……”女儿双眼含着泪水打断了我的话说：“爸爸，您不要说了，这张通知书是我收到的最珍贵的礼物，我知道它的分量和来历，我也知道以后该怎么做……”听着，听着，我心里突然产生了一种感觉——女儿正在长大。

那天我和女儿交谈，女儿说：“有一次，我在夜里醒来，看到厨房里亮着灯，我以为是谁忘记关上了，过去一看，是您在聚精会神地学习，您工作了一天，还要接送我上学，晚上再学习到深夜，我知道您所做的一切。有一天停电，我想这下好了，不用写作业了，终于可以放松放松了，您也可以睡上一个好觉，心里很高兴。谁知，第二天早上，我在厨房里看到一堆蜡烛头，再看到您疲倦的面容，我明白是怎么回事了，眼泪在不知不觉中流了下来。您那么刻苦认真地学习，不就是我学习的榜样吗？从那天起，我就下定决心，一定要好好学习，争取做一个优秀的学生。每当我学习遇到困难、坚持不下来时，眼前总会出现厨房里的灯和那一堆蜡烛头，身上立刻就有了劲头。”

女儿的父亲为什么抱回一大摞高考复习资料，决心报名成人高考？其学习动机是以自己的榜样力量来影响孩子。要改变孩子首先要改变自己，因为教育孩子光靠动嘴是不行的。这是一种动机的自我激励，既是自我发展的需要，也是孩子发展、家庭发展的需要。父亲在确立学习目标的过程中，正在改变自己的心智模式，其教育孩子不是靠棍棒高压而是身体力行，共同成长，这是学习型家庭的时代特征。

学习型家庭是一种学习型组织，被誉为21世纪最健康的家庭模式。知识经济时代呼唤学习型家庭，孩子的发展依赖学习型家庭。学习型家庭是培育高素质人才的重要力量，是推动社会道德文明建设的重要力量。在家庭教育中，父母是孩子的教育者，但首先是一位学习者。

学习，是进步的源泉，是成长的阶梯。当今世界，最大的力量来自学习，最大的竞争也取决于学习。学习力，是一切能力之母。学习力将决定一切。未来社会有可能淘汰有学历的人，但是，绝不会淘汰有学习力的人。要做一个开明、称职、成功的学习型家长，唯一有效的办法就是学习，学习，再学习。

教子有方小课堂

家长要明确：学习不是为了装潢门面，学习最终的目的是自我改变、自我完善和自我发展。家长要想改变孩子，首先要改变自己，如果自己不改变，不转变观念，不改变教育行为，最终孩子也无法改变。家长要改变，没有捷径可走，最佳、最有效的途径就是学习。

1. 家长带头与家人共同学习

家长是构建学习型家庭的关键和主导，家庭学习是学习型家庭的主要标志。在家庭学习中，家长既是孩子的老师，又是孩子的同学和伙伴。在学习型家庭中，人人是老师，人人是学生。也就是说，家长与孩子要互相学习。在某些方面，家长是孩子的老师；在有些方面，孩子是家长的老师。

2. 家长要向他人学习

一是向专家学者学习，提高理论水平；二是向教师学习，增强合作意识；三是向其他家长学习，相互交流；四是向先进典型学习，见贤思齐；五是向孩子学习，家长只有向孩子学习，才能跨越“代沟”，才能与孩子有共同语言，才能成为孩子的朋友，才能与孩子共同成长。

3. 家长要学会学习

教育家蒋南翔在一次对清华大学学生的讲话中，曾把“学习”比喻成“打猎”。猎人到森林中打猎，不但要准备干粮，而且要带猎枪。干粮再多也会吃完，森林中有取之不尽、用之不竭的食物来源，如果有一支猎枪，并能运用自如，还愁找不到食物吗？他借此说明，学生学习既需要知识养分（干粮），也需要掌握获取知识的能力（猎枪）。

如今，学会学习已被喻为“通向知识经济时代的个人护照”，是打开终身学习之门的钥匙。学会学习比学会知识更重要。“知识”可能会忘记，但学会了学习，就可以找到所需要的“知识”。在知识不断更新的时代，学会知识只能一时受益，而学会学习将终身受益。学会了学习，就是学会了生存，学会了生活，学会了发展。学会学习是对家长提出的更高一级的要求。如果家长不会学习，要指导孩子学会学习是不大可能的事。因此，家长学会学习是指导孩子学会学习的关键。

4. 家长要在时间的缝隙中学习

一天 24 小时，时间对每个人来说都是公平的。现代生活的节奏越来越快，时间越来越紧张。工作这么忙，竞争这么激烈，没有时间怎么办？最好的办法是在时间的缝隙中学习，譬如说在双休日学习、在节假日学习、在晚餐后学习、在零零散散的时间中学习等。

5. 学习要终身化

现在，我们已进入“学习社会化，社会学习化”时代。“学习生活化，生活学习化”和“学习工作化，工作学习化”是这个时代的基本特点和要求。知识经济时代，学习不再是学生的专利，学习已成为工作的组成部分，进而成为生命的一部分。学习的停止，也就意味着创新的终止，继而预示着生命的萎缩。不学习就难以做好工作，难以更好地生存。学习能够升华生命，提高生命质量和人生价值。如果家长不能成为一个终身学习者，不但自身的生命会贬值，还难以担当起教育孩子的责任和义务。

第五节　家长要提高自身素质

素质就是一个人在社会生活中思想与行为的具体表现。素质只是人的心理发展的生理条件，不能决定人的心理发展水平。人的心理活动是在遗传素质与环境教育相结合中发展起来的，人的素质一旦形成就具有内在的相对稳定的特征。所以，人的素质是以人的先天禀赋为基质，在后天环境和教育影响下形成并发展起来的内在的、相对稳定的身心组织结构及其质量水平。

良好的家庭教育首先是家长素质的提升。家长所具有的素质对一个孩子的成长具有决定性的影响，因此，提高家长的素质是提高家庭教育质量的关键，是提高整个中华民族素质的重要内容之一。

《三字经》有云："窦燕山，有义方。教五子，名俱扬。"窦燕山出身于富裕的家庭，是当地有名的富户。据说，窦燕山早些年为人不好，以势压贫，有贫苦人家借他家粮食时，他是小斗出、大斗进，小秤出、大秤进，明瞒暗骗，昧心行事。他到了30岁还没有子女，窦燕山也为此着急。一天晚上做梦，他死去的父亲对他说："你心术不好，品德不端，恶名昭著，如不痛改前非，重新做人，不仅一辈子没有儿子，也会短命。你要赶快改过从善，大积阴德，只有这样，才能挽回天意，改过呈祥。"窦燕山从此暗下决心，痛改前非，缺德的事再也不做了。他在家里办起了私塾，请名师教课。有的人家没有钱送孩子到私塾读书，他就免收学费。自那以后，窦燕山就像是换了一个人似的，周济贫寒，克己利人，广行方便，积德行善，受到了人们的称赞。后来他的妻子连续生下了五个儿子。他非常重视对孩子的教育，不仅时刻注意他们的身体和学习，还特别注重他们的品德修养。在他的培养下，五个儿子都成为有用之才，先后登科及第。

故事说明，家庭是孩子道德形成的发源地，父母是孩子道德发展的启蒙者。家庭的环境、父母的影响和教育，对形成孩子的道德认识和道德品质具有决定性的作用。父母好的道德行为，能影响孩子并使之向着好的方向发展；父母不好的道德行为，也会影响孩子并使之形成不好的品质。因此，要培养有道德的孩子，家长必须提高自身的道德素质。

家长除了提高道德素质之外，还要提高其他方面的素质：一是身体素质，包括正常的发育，良好的生活方式、卫生习惯、体育活动等；二是心理素质，主要是指人的性格、情绪、意志、兴趣等个性特征，以及处理人际关系方面的自我调节能力等，心理素质是家长素质的核心；三是政治思想素质，是指关于一个人的政治方向、政治立场、政治态度、思想作风、世界观和人生观等方面素质的总和，政治思想素质是家长素质的灵魂，直接影响着子女的成长方向和发展水平；四是文化素质，这是家长素质的基础，它涉及内容广泛，包括心理学、教育学、伦理学、美学、卫生学、营养学等，作为家长，只有一般的文化素养还不够，应当多学习一些教子育人的科学知识。

教子有方小课堂

家长的素质直接决定着孩子的素质，而且，家长的素质高，可以营造出和谐的家庭氛围，让家庭成员更加和睦，也会让孩子学到很多正能量的东西，对孩子的发展非常有好处。但是，如何才能提高家长的素质，从而提高孩子的素质呢？

1. 创造一个浓厚的家庭读书氛围

一个没有书籍、报刊的家庭等于一间没有窗户的房子。一个没有知识的人，犹如一只空口袋，永远站立不起来。一个不读书学习的人，往往是精神上的残疾人。随着科学技术的高速发展，知识以前所未有的速度在进行更新，家长在学校里学到的知识很快会老化，如果不再继续学习，就难以肩负起教育孩子的重任。如果不及时更新自己的知识和观念，就极有可能丧失教育孩子的主动权和做孩子终身老师的资格。

2. 要求孩子做到的父母应首先做到

家长如果真心希望培养一个有文化、有道德、有教养、有作为的孩子，就应该严格要求自己，改掉不良习惯，扎扎实实地提高自身素质。切记，身教胜于言教，这是家庭教育的核心，除此之外别无捷径。

3. 不要做“叶公”式的家长

相当一部分家长是“叶公”式的人物，谈起教育孩子慷慨激昂，但一接触到实际，一听教育孩子要从改变家长开始，他就犯难了——自己多年养成的不良习惯能改掉吗？教育是改造人的工程，尤其是改造已经定了型的成人家长，简直太难了！难归难，只要肯下功夫，并不是做不到。

4. 积极参加培训活动

无论是中小学校组织的家长培训活动，还是社区举办的家庭教育指导活动，家长都要积极参加。

第六节　家长的自我教育

自我教育是指人认识自己，要求自己，调控自己和评价自己，自己教育自己。自我教育是自我发展、自我完善的主动性过程，是终身教育最重要的组成部分。教育的制高点是自我教育。没有自我教育就没有真正的教育。

自我教育是一个由四个环节组成的动态结构。一般的人都是在自我认识的基础上，提出自我要求；在自我要求的基础上自我践行；然后用自己认可的价值观进行自我评价，通过这一评价，形成对自己新的认识。在这一新认识的基础上，又开始了新的自我教育循环上升过程。

一个好的家长，应把教育的重心由教育孩子转移到教育自身上来。对于觉悟高的家长来讲，教育孩子只是个借口，自我教育才是本真。当家长把自己教育好了，孩子自然会变好。

一位妈妈写给女儿的一封信：

我的女儿，亲爱的宝贝：

我很抱歉！昨天因为我的自以为是，再一次伤害了你，以至于让你一度情绪崩溃。正如你所说，在你想一个人静静的时候，我依旧选择留下来陪你，这是我的私心。我看到你那么痛苦，不接纳你的这种情绪，幻想着只要自己陪伴一下，你就能尽快走出来，却毫不顾忌你的感受。

我现在静下心来，觉察到我的行为给你带来了“我的感受不被看到，我的想法不被尊重”的感觉，而可怜的孩子，你处在极度焦虑的情绪旋涡中，已经无力抗争了。妈妈错了，表面上是想付出爱，实际上却对你造成二次伤害。

当你痛苦地向我求救：妈妈，给我找个专业医院看看吧！我好心疼，马上自动反应，约了你舅舅，决定尽快带你去医院。现在想想，在你求救的那一刻，我的焦虑、恐惧升起来了，在情绪裹挟之下，我心里、眼里只有自己，我不敢面对自己的这些情绪，想尽快解决现实问题。

在这急切的背后，是对你现状的不接纳、不允许，我想通过治疗让你能够按时参加考试。而这时你的感觉是：为什么我的事情，你都没有和我商量？直到后来，我们到了医院，因为去得晚，排队的人太多，在嘈杂的人群中等待一个多小时、不得不放弃上午诊疗计划的时候，你崩溃了。

在极度焦虑的情绪中，你看到的是自己依靠的妈妈惊慌失措，自己的想法不被尊重，自己不被看见，各种复杂的情绪扑面而来，愤怒、无奈、绝望、恐惧……

孩子，对不起，是妈妈的问题。这一段时间来，我成功地陪伴了许多人，缓解焦虑、静心、学习、成长，也得到了你的肯定，你说：妈妈，你已经做得足够好了！我为自己的一点进步沾沾自喜，忽略了自我的修行。

当我的自我成长进入了瓶颈期，能够给予你的支持也匮乏了，你的状态停滞不前。遇到突发状况，妈妈依然自动调用旧有的模式，急于灭火、解决现实问题，最终不但没有解决问题，还恶化了你的心理环境。

孩子，你就是我的一面镜子，你向我哭诉：妈妈，为什么我都这么大了，还是什么都做不好？我写的东西和别人的一比，什么都不是！将来要做什么，我也不知道！

在心疼之余，我现在静下心来仔细想，自己头脑中难道没闪过这些念头吗？难道自己没有对你的前途感到过迷茫吗？你想通过考试拿到毕业证书，难道我就放下这个执念了吗？答案是没有，妈妈一直在用正确的思想武装自己的大脑，那是意识层面的认知，而一旦发生事情，自动出现的思维模式是潜意识的。

和自己的潜意识在一起，看到它，修行它，是妈妈接下来需要做的事情，是时候该给自己充充电了，妈妈要重新审视自己，向内看、关注自己、觉察自己、磨炼自己，给你真正的爱与支持。

亲爱的宝贝，妈妈心中再一次吹起了冲锋号，向旧有的自己宣战了！也谢谢你，在激烈的情绪崩溃中，清楚地表达出自己的感受，给了我当头棒喝。我爱你，我的孩子！妈妈以你为荣，是你，最终引领妈妈走向成长和成熟，感恩与你的遇见！

面对情绪崩溃的女儿，这位母亲没有选择向外求，而是选择向内看，她把对孩子的歉意、心疼付诸文字，逐渐看到了自己的情绪以及情绪背后的自己，她一一回顾并反思自己对女儿做出的种种错误行为后发现，其实和女儿的每一次冲突，都是自我觉察的宝贵节点，她会好好利用机会，体验、觉察、走近真实的自己，通过自我的修行，更好地帮助女儿成长。

这位母亲的做法，值得每一位家长学习。其实，和孩子之间的冲突，并不是灾难，恰恰相反，它是帮助家长成长的契机。

家庭教育是一种自醒，一种家长的自醒。在完成自身生命圆满之途上，孩子及其教育是一座桥。踩着这座桥，家长找回了自己。孩子是家长的投射之物，教育是家长的投射手段。在实现孩子的圆满之中，家长必先圆满自己。同样的道理，家长在圆满自身的过程中，孩子也必圆满。这就是家庭教育的辩证法。

教子有方小课堂

每一个做父母的人，都是获得了第二次成长的机会，家长要学会在做父母的时候完成自我修炼。家长终身成长，家庭幸福长久，这是一个终身学习的时代，这是一个学习已成为生活常态的时代，为了家庭幸福，所有的家长只有成长，别无他路。

1. 自我认知

自我认知，是指对自己的洞察和理解，是个体对自己存在的觉察，包括对自己的行为和心理状态的认知。通俗一点说，就是人要有自知之明，不了解自己，就会不停地重复无效的行为而没有成长。如果家长能客观地认识自己，了解自己的信念、价值观、性格、脾气、优点和局限等，就能够客观地去看待和评价孩子，就能够与孩子共同成长。

自我认知是一个人对自己的认识和评价，包括对自己心理倾向、个性心理特征和心理过程的认识与评价。人正是由于具有自我认知的意识，才能对自己的思想和行为进行自我控制和调节，使自己形成完整的个性。自我认知是人对自己身心状态及对自己同客观世界的关系的意识。

2. 自我接纳

父母的自我接纳是无条件接纳孩子的前提。做到自我接纳，会让父母进入一个平和的状态，积极地去完善和发展自我。

3. 提高行动力

为人父母的过程，也是自我成长的过程。至于最终成长到何等人生境界，其实并不重要，重要的是家长和孩子都一直走在各自的路上，一直在认识自我、完善自我、实现自我的过程中。如果家长能做最好的自己，客观上便是给了孩子最好的教育。

4. 加强自身修养

孩子进入中学后，父母已不再是他们崇拜的偶像，其形象在他们心目中也不再那么高大，对父母自身素质、修养有了更高层次的要求。这就要求家长加强自身修养，不断地完善自己，力争成为孩子的楷模。这样不仅家长在孩子心目中有威信，而且直接影响孩子的一生，家庭教育更能产生实效。

参考文献

[1] 赵刚 . 家长教育学 [M]. 北京：教育科学出版社，2010.

[2] 赵刚，李学义 . 现代家政学 [M]. 北京：中央广播电视大学出版社，2016.

[3] 赵刚 . 家庭教育咨询与辅导 [M]. 北京：中央广播电视大学出版社，2016.

[4] 赵刚，王以仁 . 中华家庭教育学 [M]. 北京：研究出版社，2016.

[5] 国家基础教育实验中心 . 中国家庭子女教育——高中学生家长读本 [M]. 北京：中国法制出版社，2000.

[6] 翟召博，金琰 . 牵手两代——亲子课程 [M]. 北京：北京教育出版社，2010.

[7] 乐善耀 . 学习型家庭 [M]. 上海：文汇出版社，2002.

[8] 陈鹤琴 . 家庭教育——怎样做好父母 [M]. 北京：中国致公出版社，2001.

[9] 李学义 . 家长决定未成年子女的成败——我的家庭教育感悟 [M]. 长春：吉林大学出版社，2015.

图书在版编目（CIP）数据

高中学生家庭教育指导手册 / 赵刚主编. -- 武汉 : 湖北教育出版社, 2025. 4. --（故事里的家庭教育学 / 赵刚总主编）. -- ISBN 978-7-5564-6192-9

Ⅰ. G782-62

中国国家版本馆CIP数据核字第20252A7Z90号

高中学生家庭教育指导手册

GAOZHONG XUESHENG JIATING JIAOYU ZHIDAO SHOUCE

出品人	方　平		
责任编辑	刘书慧	责任校对	李庆华
封面设计	李　枫　刘静文	责任督印	刘牧原

出版发行	长江出版传媒	430070　武汉市雄楚大道 268 号
	湖北教育出版社	430070　武汉市雄楚大道 268 号
经　　销	新　华　书　店	
网　　址	http://www.hbedup.com	
印　　刷	湖北新华印务有限公司	
地　　址	武汉市硚口区长风路 31 号	
开　　本	710mm×1000mm　1/16	
印　　张	13.5	
字　　数	150 千字	
版　　次	2025 年 4 月第 1 版	
印　　次	2025 年 4 月第 1 次印刷	
书　　号	ISBN 978-7-5564-6192-9	
定　　价	36.00 元	